KB057508

77년생
엄마
황순유

부모 되는
철학시리즈 부모 노릇은 지구상에서 가장 힘들고 까다로우며 스트레스가 따른다. 동시에 가장 중요한 일이기도 하다. "부모되는 철학 시리즈"는 아이의 올바른 성장을 돕는 교육적 가치관을 정립하고 더 행복한 가정을 만들어 가는 데 긍정적인 역할을 할 것이다. 부모가 행복해야 아이들도 행복하다. 행복한 아이들, 행복한 부모, 행복한 가정 속에 미래를 꿈꾸며 성장시키는 것이 부모되는 철학의 힘이다.

부모되는 철학시리즈 07

일과 육아 사이에서 찾아낸 가장 이상적인 삶의 합의점

77년생 엄마 황순유

초판 1쇄 인쇄 | 2018년 4월 18일
초판 1쇄 발행 | 2018년 4월 25일

지은이 | 황순유
발행인 | 김태영
발행처 | 도서출판 씽크스마트
주　소 | 서울특별시 마포구 토정로222(신수동) 한국출판콘텐츠센터 401호
전　화 | 02-323-5609 · 070-8836-8837
팩　스 | 02-337-5608

ISBN 978-89-6529-180-0 03190

• 원고 | kty0651@hanmail.net

이 도서의 국립중앙도서관 출판예정도서목록(CIP)은 서지정보유통지원시스템 홈페이지(http://seoji.nl.go.kr)와 국가자료공동목록시스템(http://www.nl.go.kr/kolisnet)에서 이용하실 수 있습니다.(CIP제어번호: CIP2018009852)

씽크스마트 • 더 큰 세상으로 통하는 길
도서출판 사이다 • 사람과 사람을 이어주는 다리

77년생
엄마
황순유

황순유 지음

일과 육아 사이에서 찾아낸 가장 이상적인 삶의 합의점

그녀의 전화를 받았을 때, 서둘러 일을 마치고 서둘러 아이를 데리러 학교로 가는 중이었다. 일과 육아를 병행하며 살아온 지난 10년, 늘 반복되어온 일상. 내가 "일하는 엄마들은 매일 미친○ 널뛰듯 살고 있다"라고 짧게 푸념하자, 그녀는 바로 그런 이야기를 담고 싶었다며 웃픈 사연을 풀어냈다. 그녀와의 짧은 통화를 끝내고 올림픽 대로를 달리며 내가 알고 있는 그녀를 떠올렸다.

치열한 방송계에 오랫동안 몸담으며 아이 셋을 거뜬히 키워낸 슈퍼우먼. 일이면 일, 살림이면 살림. 뭐 하나 빠지지 않고 잘 해내는 그녀. 눈코 뜰 새 없이 바쁜데도 봉사 활동을 꾸준히 해온 그녀.

사람과 세상에 대해 늘 따뜻한 애정과 관심을 놓치지 않는 그녀. 누가 봐도 나무랄 데 없는 삶이다. (물론 본인은 절대 아니라고 손사래를 치겠지만) 어쨌든 보기에라도 이렇게 완벽한 삶을 꾸려나가느라 보이지 않는 곳에서 얼마나 치열하게 노력했을까? 일과 육아 사이에서 자기 나름의 이상적인 합의점을 찾아내기 위해 수없이 많은 시행착오와 눈물을 겪었을 테니. 이 책에는 이런 그녀의 생각과 삶이 고스란히 묻어 있다. 그녀의 따뜻하고 긍정적인 에너지가 이번에는 말이 아닌 책으로 많은 사람에게 전해지길.

― 방송작가 윤정아

아이가 아가씨가 되고 애 엄마가 되는 과정
'아이'가 '아가씨'가 되고, '며느리'와 '아줌마'가 되었다가 '애 엄마'가 되었다. 그 과정에서 방송이라는 자기 일을 놓지 않고 사는 77년생 순유. 그녀는 방송부원이던 여고 시절에도 떡잎부터 알아본, 될 성부른 나무였다. 아마도 그녀의 대표 임무는 '엄마'였나 보다.《77년생 엄마 황순유》에서 우리의 어제와 오늘 그리고 내일을 읽는다.

― 유웨이중앙교육 평가연구소장, 순유의 고2 담임 이만기

남자도 공감할 수 있는 책, 아내에게 선물하고 싶은 책
10년 전, 방송국에서 처음 만난 그녀는 임신부였다. 회사에서

는 셋째를 임신한 그녀를 '다산의 상징'이라고 불렀다. 그때는 '또 출산하러 가는구나!' 정도로 생각했다. 출산과 육아, 자기 일을 동시에 해나간다는 게 얼마나 어렵고 대단한 일인지 바보처럼 몰랐다. 솔직히 써 내려간 77년생, 40대 초반의 '여성' '엄마' 그리고 '방송인'이 겪은 이야기는 남성도 공감되는 지점이 있다. 여성 동료와 아내를 이해하고 싶은 남성께 책을 권한다.

- 라디오 PD 안병진

태초부터 반짝였을 그대여! 이제 반짝입시다!

쳇바퀴 같은 일상에서 수많은 핑계를 방패 삼아 남몰래 신음하는 우리에게 엄마 황순유가 말한다. 가슴 뛰는 첫사랑의 느낌은 우리가 눈을 떠 손을 내밀기만 한다면 삶의 어느 골목에서든 우리를 기다리고 있다고. 태초부터 반짝였을 그대들이여! 책을 읽었다면, 이제 반짝입시다!

- 배우 김지영

세상과 조율하는 오케스트라, 엄마 황순유!

황순유는 자신의 진행으로 음악인들이 더욱 빛날 수 있게 많은 준비를 한다. 그녀는 우리의 공연이 더욱 빛날 수 있게 해주는 멋진 진행자다. 세상의 많은 사람이 조율되지 않은 악기처럼 불협화음을 내며 살아간다. 이 책을 통해 세상과 조율하는 방법, 진정한 아름다움이 느껴지는 소리를 들어보길 바란다.

- 스칼라 오페라 오케스트라 단장 임병욱

밝은 미소로 세상을 바라보는 초긍정 에너지!

10년 전 방송 프로그램에 초대되어 지금까지 친구로 지내는 아나운서 황순유는 여러 면에서 놀라운 사람이다. (물론 세 아이의 엄마라는 사실도 놀라웠지만.) 게스트의 생각을 자연스럽게 끌어내는 실력, 적절하고 완벽한 내용으로 질문하는 감각, 언제나 밝은 미소로 세상을 바라보는 긍정. 드디어 그 비밀이 담긴 책이 나왔다.

- 바이올리니스트, 음악 해설가 조윤범

따뜻함과 냉철함이 줄다리기하는 육아, 모든 엄마에게 선물하고 싶은 위로

배 속에서 막 나와 쪼글쪼글한 아이를 안고 수만 가지 생각이 교차하던 순간을 기억한다. 한 생명체를 바라보며 감동과 고마움 그리고 두려움과 책임감이 공존했던 복잡한 심경. 일하는 여성이 가정을 돌보고 아이를 키운다는 것은 어떤 의미일까? 오른손에는 가정을, 왼손에는 일을 움켜쥔 채 어느 한쪽도 놓을 수 없는 힘겨운 시간이다. 아이를 키우며 고민하고 이겨낸 여자들이라면 누구나 공감

할 수밖에 없는 책. 여전히 세상과 썸타는 그녀의 쿨한 위로가 마음이 힘든 엄마들에게 처방전이 되어주리라.

- 방송인, 키즈 스피치 마루지 대표 원장 이지은

역시…. 넌 난 년이다!

스물세 살의 앳된 순유는 볼 때마다 놀라움을 안겨줬다. 볼 때마다 예뻐졌고, 고비마다 잘 해냈고, 엄마로서 방송인으로서 늘 여유 있어 보였다. 20년 동안 나에게 놀라움을 준 순유. 이번엔 책을 낸다기에 먼저 읽고 이런 덕담을 해줬다. "역시…. 넌 난 년이다!"

- 아나운서 선우경

엄마들이 뽑은 2018 올해의 책! 《77년생 엄마 황순유》

책을 보며 이런 상상을 해본다. 즐거운 상상이 좋은 결과를 낳는다고 하지 않던가.

긍정을 실천하며 꿈을 실현해가는 여자 황순유의 삶을 담은 한 권의 책은 온기가 가득하다. 새벽 시사교양 프로그램의 생방송 스튜디오에 앉아 있던 그녀. 요즘 말로 저 목소리 '실화냐' 하고 귀 기울여 듣던 리포터계의 이금희, 황순유의 내레이션은 차가운 새벽을 평온하고 따스하게 깨웠다. 그러나 인사 나눌 새도 없이 사라지던 신비롭고 우아한 그녀는 나중에 들으니 모유 수유를 하러 갔었다고 한다. 그녀는 방송 더하기 세 아이의 엄마 더하기 교육자 더하기 사업가의 역할을 어느 하나 포기하지 않고 삶에 더해가고 있다. 동시대를 살아가는 엄마들에게 이 책이 특별한 공감을 전해주기를 바라본다.

- 더 인터뷰 연구소 대표 신소연

유쾌 통쾌한 해법이 담긴 생활 에세이

'내가 맡은 일들을 잘하고 있는 걸까?' 의문이 들 때 펼쳐보라. 육아에 지쳐 나를 돌보지 못할 때 육아 동지가 워킹맘을 위로하고 치유한다. "이렇게 버텼어!" 식의 눈물과 위로의 메시지가 아닌, 저자만의 유쾌하고 통쾌한 해법이 담겼다. 이 책은 나를 웃게 하고 나를 꿈꾸게 한다.

- 방송인 김지연

흘러가는 일상을 삶의 예술로 기록한 책

삶의 변화는 주변 환경이 아니라 내 시선이 바뀔 때 일어난다. 누구에게는 그저 흘러가는 일상을 황순유는 삶의 예술로 기록했다. 엄마의 일상은 삭막하고 치열하고 피곤한 줄로만 안다. 《77년생 엄마 황순유》는 다른 시선으로 세상을 바라보는 이정표가 될 것이다.

- 방송인, 소통테이너 오종철

곽곽한 일상을 환희로 채워가는 여자의 담백한 이야기

인심 후한 살림의 여왕은 상다리가 부러지게 음식을 만들어 이웃과 나누고 가족과의 행복한 시간을 만끽한다. 그리고 온전히 18년 차 방송인으로 돌아와 시청자, 청취자, 관객을 마주한다. 곽곽한 일상을 환희로 채워가는 그녀의 인생을 뜨겁게 응원한다.

- 공연 기획자 구미진

동네 엄마들에게 선물하고 싶은 책

슬픈 이야기도 아닌데 눈물이 났다. 나도 몰랐던 내 속마음의 하소연을 보는 것 같아서. 아이들의 미래를 챙기느라 뒷전으로 미뤄둔 엄마들의 삶과 미래. 비단 77년생 그 언저리만의 이야기는 아닐 것이다. 라디오를 듣는 듯 조곤조곤 그녀의 목소리처럼 따뜻한 문장들. 읽는 내내 이 책을 선물하고픈 동네 엄마들이 떠올랐다. 그녀들이 나와 같은 카타르시스와 위안을 느끼면 좋겠다.

- 16년 지기 방송 후배 송이진

좋은 일을 자꾸 저지르는 친구의 사부작거림을 응원합니다!

무엇이 될지 어떻게 될지 가늠조차 할 수 없었던 풋내 가득한 고교 시절에 만난 황순유는 멋지게 자신의 삶을 누리는 여자가 되었다. 그녀에게는 방송인이라는 정체성이 가장 강하겠지만 25년 동안 나에게 황순유는 밝은 에너지의 친구, 성악가만큼 먹는 일반인, 자꾸만 좋은 일을 저지르는 친구다. 긍정적인 태도로 만끽해온 자기 삶을 사람들과 나누려는 그녀의 사부작거림을 25년 지기 친구로서,「해피타임」의 팬으로서 온 마음 다해 응원한다.

- 오페라 가수 바리톤 한진만

가슴 한편이 뜨거워지는 보통 엄마들의 이야기

동갑내기 황순유의 이야기를 읽고 가슴 한편이 뜨거워지는 이유는 뭘까? 슈퍼우먼이 되어야 하는 워킹맘의 현실. 무엇이든지 열정이 넘치는 그녀의 삶에서 내 모습을 본다. 흐르는 눈물은 울음이 되고 수많은 장면이 머릿속을 스치며 책의 마지막 장을 덮었다. 오늘을 살아가는 워킹맘 이야기가 내 마음처럼 녹아 있는 책을 읽으며 공감하고 위로받는 시간이었다.

- 성악가 메조소프라노 김순희

괜찮아, 지금도 잘하고 있어!

어느 날 아들이 말했다. "엄마는 왜 그런 직업을 가져서 나랑 같이 놀 시간도 없어요?" 워킹맘은 늘 아이에게 미안하다. 그런 우리에게 '괜찮다'고, '지금도 잘하고 있다'고 위로해주는 책이다. 싱그러운 엄마, 야무진 엄마, 마음이 소녀 같은 엄마, 직장 다니는 엄

11

마, 목소리가 예쁜 엄마…. 수식어가 끝도 없는 77년생 황순유. 나에겐 '내 아들 친구 엄마'라는 게 제일 자랑스럽다.

- 내과 의사 윤진아

엄마의 삶을 먼저 살아본 언니의 따뜻한 위로

바쁜 언니는 언제나 밝고 유쾌하다. 일하는 엄마로서 우리가 겪어야 하는 삶을 먼저 살아낸 언니가 있다는 건 든든한 위로가 된다. 마이크 앞에서도, 엄마로서도, 우리의 좋은 선배로서도 늘 반짝반짝 빛나는 그녀의 삶을 들여다볼 수 있는《77년생 엄마 황순유》. 이건 우리의 이야기다.

- 리포터 조민옥

긴 머리 날리는 이 시대의 원더우먼!

그녀를 처음 만난 날, 가녀린 몸에 긴 머리를 한쪽으로 내린 그녀는 한눈에도 새침해 보였다. 하지만 다른 세상에 살 것 같은 그녀는 세 아이의 지혜로운 엄마 노릇, 남편의 영원한 애인 노릇, 동네 엄마들의 푸근한 친구 노릇까지도 거뜬히 해내는 평범한 여자였다. 워킹맘이라는 이유로 모든 걸 용서받고 싶을 때 이 책을 읽으면 좋겠다. 이 시대의 진정한 '원더우먼'이 따뜻하게 위로해줄 테니까.

- 디자이너 박지원

'엄마'라는 이름으로
수없이 울고 웃은 나의 동료,
세상의 모든 엄마들에게

1977년 7월 20일. 여자아이가 태어났다. 종갓집 게다가 홀어머니 밑에서 자란 외아들의 세 번째 딸이라니. 지레 겁을 먹은 아이 엄마는 시어머니에 시할머니까지 계신 시댁으로 조심조심 들어갔다. 아이 아빠는 "할머니랑 똑 닮았네!"라고 호들갑 떨며 식구들의 정신을 빼놓았다. 증조할머니와 닮은 얼굴은 첫 번째 생존 수단이었을까. 그렇게 아이는 불행 중 다행으로 증조할머니의 판박이 얼굴로 집안의 사랑을 받고 자라났다.

1977년생 아이는 이제 불혹을 넘겼다. 링컨은 나이 마흔 넘으면 자신의 얼굴에 책임질 수 있어야 한다고 말했다. 살아온 날들과 성품이 고스란히 얼굴에 드러나기 때문이다. 하지만 까마득하게 느껴졌던 불혹의 나이가 지났음에도 불구하고 난 여전히 흔들린다. 아직 내 얼굴에 당당히 책임질 만한 자신감도 없다. 때로는 내 얼굴을 부정하고 싶다. '이건 내 삶이 아니란 말이야!'라면서 좌절하기도 한다. 마흔의 나이가 불혹이라는 건 거짓말 같다. 오히려 무수히 흔들리고 금방 좌절하는 나이가 아닐까. 마흔쯤 살았으니 이제는 단단히 땅에 발을 딛고 흔들림 없이 살고 싶다는 갈망을 담은 건 아닐까.

흔히 77년생들을 '낀 세대'라 한다. 대학 생활만 보더라도 그렇다. 내가 대학에 들어간 1996년도는 학생운동을 하며 민주주의 가치를 실현했던 80년대와는 달랐다. 민중가요를 부르며 깃발을 들고 화염병 던지던 앞 세대의 모습은 생소하기만 했다. 인터넷과 SNS가 활발해지고 저가항공이 생겨나면서 훌쩍 해외로 배낭여행을 떠나고 어학연수를 가던 2000년대 세대와도 다르다. 신자유주의가 거세지면서 하늘 높이 치솟는 등록금으로 고민하고, 취업을 위한 스펙 3종 세트를 위해 살던 세대는 더더욱 아니다. (스펙 3종 세트는 학벌, 학점, 토익 점수를 말한다. 최근에는 여기에다 어학연수, 자격증, 공모전 입상, 인턴 경력, 봉사 활동, 성형수술까지 더해져 스펙 9종 세트라는 말까지 나왔다) MT를 가면 모닥불 피워놓고 선배들의 통기타 반주에 맞춰 노래를 불렀지만, 정작 우리가 후배들을 이끌어야 할 때는 이미 구세대가 되어버렸다. 설상가상으로 대학 2학년 2학기 기말고사 기간 즈음 IMF가 터져서 생계형 휴학을 결정한 동기들도 꽤 많았다. 그래서일까? 77년생들을 만나보면 지금도 강한 생활력으로 살고 있다. 이렇게 77년생들은 구세대와 신세대에 끼인 세대다. 뒤집어 생각하면 77년생은 '다 누린 세대'다. 우리는 카세트테이프와 LP판과 CD와 MP3를 모두 경험했다. 삐삐, 시티폰, 2G, 3G, 스마트폰까지의 변천사를 모두 거쳤다. 한 세대에 이러한 경험을 다 하기란 쉽지 않다. 변화에 적응하느라 헉헉대며 여기까지 따라왔다.

1977년생은 마흔을 갓 넘긴 나이다. 아이를 다 키운 것도 아니고 이제 막 시작하는 것도 아닌 모호한 나이. 사회적으로 다 이루지 못했고, 그렇다고 풋내기도 아닌 모호한 나이. 여전히 육아와 일 사이에서 고민하는 모호한 나이.

많은 매체에서 여자들이 차별받는 이 시대를 논한다. 여자라서 말하지 못하고 엄마라서 참아야 했다는 억울함이 여기저기서 터져 나온다. 때로는 그런 이야기들이 엄마인 나를 더 아프게 했다. 살아온 과거를 채근하는 일보다 더 중요한 건 살아갈 세상을 살맛 나게 만드는 일이 아닐까. '어쩔 수 없이 일을 포기하는 것'이 아니라 당당히 육아를 선택하고, 아이를 키우는 일이 감내하기 힘든 3D 직종이 아니라 아이와 함께 꿈의 성장기를 보내는 기회가 되기를 바란다. 억울하고 아프고 슬픈 엄마들만큼 매일 설레고 행복한 엄마들도 많다. 이제 그 긍정의 기운이 훨씨를 날려 세상 곳곳에 행복을 심어야 할 때다.

이 책은 대한민국을 살아가는 평범한 77년생 한 여자의 이야기다. 오늘을 살고 있는 그녀의 이야기, 특별하지도 잘나지도 않은 우리들의 이야기. 10년 동안 라디오를 진행하며 우리 엄마의 이야기, 내 친구들의 이야기 그리고 내 남편, 내 아이들의 이야기 같은 사연을 통해 세상을 배웠다. 세상의 중심에 무엇을 세우느냐에 따라 우리 인생이 달라진다. 컴퍼스로 처음 원을 그릴 때는 중심을 잡지 못해 모양이 삐뚤빼뚤하지만, 중심 잡는 법을 알고 나면 동그랗고 예쁜 원을 그릴 수 있다. 딸, 학생, 직장인, 아내…. 인생이라는 컴퍼스가 그릴 원의 중심은 늘 다른 이름표가 놓일 것이다. 지금 그리는 원이 작고, 흔들리고, 서툴지라도 '엄마'라는 행복한 동그라미를 그리는 중이면 좋겠다. 세상의 모든 엄마가 행복하기를, 여전히 설레고 두근거리는 여자이기를!

보잘것없는 개인이 이 책을 쓰며 부모님이 물려주신 강한 긍정의 에너지와 끝이 없는 체력에 다시 한번 감사했다. 세상을 살아가는 힘은 눈에 보이지도, 손에 잡히지도 않는다는 것을 아는 나이가 되니 나 역시 아이들에게 무엇을 물려줘야 하는지 깨달았다. 어떤 상황에서도 든든한 내 편이 되어주는 남편과 시부모님, 바쁜 엄마가 일일이 챙겨주지 못해도 자기 갈 길을 가는 멋지고 사랑스러운 동현, 석현, 지현, 아직 살아보지 못한 남의 인생을 멀리서나마

예습할 수 있게 해준 소중한 애청자들, 그리고 '엄마'라는 이름으로 수없이 울고 웃었던 나의 동료, 세상의 모든 엄마와 이 책을 함께 나누고 싶다.

"오늘도 다 잘될 거예요, 내일은 더 잘될 거예요!"

차례

6장 소심한 A형의 일기장

7장 꿈꾸는 사람들의 아름다운 세상

1장

시월드에
뛰어든
한 여자

아줌마의 버킷리스트 하나,
호텔에서
혼자 보내는 하루

　꼭 한 번은 해보고 싶었다. 혼자만의 하루. 내가 꿈꾸는 건
가족과의 일상생활에서 벗어난, 오롯이 혼자인 시간이다. 세
끼 밥을 챙기지 않아도 되고, 내가 배고프지 않으면 굳이 밥을
차리지 않아도 되는, 우아하고 느긋하게 카페에서 책을 읽으
며 커피를 마시는 시간. 결혼 전에는 별것도 아닌 일들이 세 아
이 육아를 하면서 정말 해보고 싶은 꿈이 되다니.
　작년 여름휴가 때 강릉으로 가족 여행을 갔다. 자리를 길
게 비울 수 없는 나는 생방송을 위해서 가족들보다 하루 먼저
서울로 올라왔다. 나 혼자서 하룻밤을 보낼 수 있게 된 것이

다. 다섯 식구가 북적이는 속에 있다 보니 혼자 있는 시간이 그리울 때가 많았다.

이런 날은 오랜만에 친정에 가서 엄마 손길이 깃든 집밥을 먹으며 호강할 수도 있지만 한 번쯤 꼭 해보고 싶은 일이 있었다. 혼자 있는 밤. 즉흥적인 결정이라 당일 땡처리 특가로 나온 호텔 방을 예약했다. 내가 좋아하는 스윙칩과 육포, 맥주 세 캔을 샀다. 여자들이 얼마나 꿈꾸는 일탈인가. 객실 문을 열자 나를 위해 준비해둔 것처럼 아무도 건드리지 않은 침구가 가지런히 정돈되어 있었다. 커다란 화장대 거울에 얼굴을 한 번 비춰보고 깨끗하게 청소된 욕실에서 샴푸와 바디샤워를 새로 뜯으며 마음은 점점 설레었다. 무엇보다 기분을 취하게 만든 건 송도 신도시의 화려한 야경이었다. 멋스러운 고층 빌딩의 불빛이 보이는 호텔 창가에서 노트북을 펼치는 순간 드라마 속 멋진 커리어우먼이 된 듯했다. 혼자서 뿌듯했다.

결혼 전에도 친정 부모님과 살았고, 결혼 후에는 당연히 남편과 아이들이 함께 있었다. 혼자 여행을 떠나본 적도 없다. 내가 상상만 했던 모습의 주인공이 바로 나라니! 감격이 밀려왔다. 그러기도 잠시, 갑자기 무서워졌다. 혹시 호텔 방에 누가 들어오면 어쩌지? 옷장 속에 유령이 있는 건 아니겠지? 갑

1장 시월드에 핀 어느 한 여자

자기 정전되면 나 혼자만 갇히는 거 아냐? 별별 생각들이 머리를 스치며 부들부들 떨리기 시작했다. 그냥 자는 것도 무서워서 TV를 켜놓고 잤는데 하필 무서운 영화 소리가 들려 잠에서 깼다. 한동안 잠이 오지 않아 스마트폰 플레이리스트에 저장해놓은 음악을 들으며 겨우 다시 눈을 붙였다. 아침이 되었다. 전날 준비해둔 스타벅스 아메리카노와 블루베리 치즈 케이크를 조식으로 먹으며 생각했다. '아… 밥이 필요해, 밥이. 역시 이런 건 끼니가 될 수 없어.' 좋아 보이는 것들이 꼭 좋은 것만은 아니라는 훌륭한 가르침을 얻게 된 하룻밤이었다.

그럼에도 불구하고 나는 결혼한 40대 여자들에게 혼자만의 밤을 추천한다. 왜? 다시 제자리로 돌아왔을 때 일상의 감사함을 더 진하게 맛볼 수 있으니까. 일탈이 소중한 건 다시 돌아올 일상이 있기 때문이다. 여행을 떠나는 것은 다시 돌아올 집이 있기 때문이다. 출발점과 도착점이 일치하는 것이 우리의 삶이다.

어서 와,
살림은 처음이지?

토끼를 따라 굴속으로 뛰어든 앨리스는 이상한 나라에 도착해 신기한 모험을 하기 시작한다. 한 남자를 따라 새로운 세상에 뛰어든 한 여자도 낯선 나라에 도착해 신기한 체험을 하게 된다. 시집이라는 원더랜드에서.

공무원이셨던 아버지는 아침 6시 20분이면 늘 출근을 하셨다. 결혼 전 스물다섯 살까지 내가 보고 자란 모습이다. 항상 정확한 시계와 같았다. 그래서 우리 집 하루의 시작은 TV 화면 조정이 끝나고 애국가가 울려 퍼지는 장면이었다. 대학생이 되어 전날 술을 마시고 들어왔어도 아침이면 기분 좋게 일어나 밥을 먹었다. 아침은 하루를 여는 기분 좋은 출발점이었다. 내 기억 속 세상의 모든 아침은 개운함, 상쾌함 그 자체였다.

모든 집의 아침이 이런 모습일 거라고 상상하던 내가 결혼했다. 상상은 자유. 헉! 우리 집과는 달랐다. 결혼은 다른 문화와 만나는 것이다. 동시에 엄청난 문화적 충격을 안겨줄 수도 있다.

내가 먹을 복을 타고났는지, 친정엄마와 시어머니 모두 음식 솜씨가 기가 막히게 훌륭하다. 하지만 그 표현법이 정반대다. 한 분은 "내가 해물탕을 끓였는데 너무 맛있어. 먹다가 기절하면 어떡하지? 낙지 넣고, 꽃게 넣고, 대하를 열 마리나 넣고, 대합에, 미더덕에… 진짜 맛있네. 빨리들 와~" 이렇게 들썩들썩하다. 먹기도 전에 군침이 돈다. 또 한 분은 "육개장을 끓인다고 끓였는데 별로야. 넣을 거 다 넣었는데도 맛이 안 난다. 고사리도 제일 좋은 것으로 넣었고 고기, 버섯, 대파, 무, 숙주 다 들어갔는데 니 맛인지 내 맛인지 알 수가 없네. 맛없다고 흉보지 마래이~"라고 말씀하시니, 맛보기도 전에 난감한 표정을 짓게 된다. 두 분 중 어느 쪽이 친정엄마고, 어느 쪽이 시어머니일까. 여러분의 상상에 맡기겠다.

적어도 70년대생들의 결혼 생활은 두 집안의 만남이었다. 남녀의 로맨스로 시작된 관계지만 결혼을 결정하고 함께 살아가는 일은 서로 다른 집안에 적응하는 과정이었다. 어느 쪽도 틀린 게 아니라 그저 다른 두 집안. 다름을 틀림이라고 받아들이는 순간 지옥이다. 하지만 원더랜드에 들어선 여자는 이상한 나라에서 벌어지는 신기하고도 희한한 일을 즐기면 되는 것이다. 그게 결혼 생활이다.

종갓집이었던 친정은 정말 집안일이 많았다. 가을에 있는 시제까지 합치면 일 년에 제사만 11번이라 거의 매달 친척들이 몰려왔고, 손이 큰 엄마는 작은집 식구들이 돌아갈 때 들려 보낼 음식까지 준비하느라 엄청난 양의 음식을 준비했다. 그래서 가끔은 제사 음식 준비하고 있을 때 놀러 나가는 게 신경 쓰였다. 그럴 때마다 할머니는 "내가 열여덟에 시집와서 지금 나이 먹도록 하는 게 이 일이다. 여자는 결혼하면 하기 싫어도 평생 밥하고 빨래하면서 살아야 하는데 뭐하러 시집도 가기 전에 이걸 하냐? 결혼하기 전까지는 빤스 한 장도 빨지 마라. 이딴 거 안 배워도 시집가면 다 한다"라고 하셨다. 지금도 명절날 친정에 가면 할머니께서는 "너희들이 이렇게 모여서 노는 게 보기 좋아. 설거지는 내가 할 테니 계속 얘기하고 놀아라"

라고 하신다. 남들이 보면 영락없이 싸가지 없는 손녀들이다. 그렇지만 할머니는 오랜만에 식구들이 만난 자리가 '이깟 설거지' 따위에 끊어지는 게 더 싫다고 하신다. 할머니는 참으로 현명하시다. 밥하고 빨래하고 설거지하는 일을 미리부터 연습하기에는 젊음이 너무 아깝다고 생각하시는 분이다.

사람들은 어른이 되면 자기 앞가림은 한다. 닥치면 다 하게 마련이다. 결혼 전 나는 집안일은 정말 안 했다. 그랬으니 평생 밥하고 빨래하면서 살아야 하는 결혼에 대해 큰 고민 없었을 수밖에. 물론 결혼하고 나서는 상황이 전혀 달라졌다. 할머니의 말씀대로 하기 싫어도 밥하고 빨래를 해야 했다. 아무리 아파도 집안일이 신경 쓰였다. 하지만 하기 싫어도 해야할 일이라는 걸 미리 알았기 때문일까. 낯설고 어색하고 서투른 일투성이였지만 단 한 번도 결혼을 물러야겠다고 생각해본 적이 없다.

다행히 시어머니도 우리 할머니처럼 생각이 깬 분이셨다. 내가 스물다섯에 결혼했으니, 아이를 하나둘 낳을 때까지도 친구들은 미혼이었다. 그런 친구들이 만나자고 하면 시어머니는 흔쾌히 다녀오라고 하셨다. "아기 잠깐 봐주는 게 뭐 그리 대단한 거라고. 나는 결혼해서 시어머니 모시며 4남매 키우는 동안 친구들을 못 만났어. 그게 수십 년이라 참 아쉽더라. 며느리한테 되풀이하고 싶지는 않아"라고 하셨다.

물론 모든 여성에게 해당하는 이야기는 아니다. 나의 행운이었을지도 모른다. 그래도 지레 겁먹고 결혼 생활을 두려워하지 않으면 좋겠다. 시댁이라는 원더랜드는 꿈과 환상의 나라가 될 수 있다. 언젠가 내 딸도 원더랜드에서 더 신기하고 멋진 체험을 하게 될 날이 올 거다. 원더랜드의 희한한 세계를 즐길 수 있게 나도 굳이 집안일을 미리 체험시키고 싶지는 않다. 현명한 우리 할머니처럼.

결혼이란
원래의 나를
잃지 않는 것

　하나와 하나가 만나 둘이 되는 것이 아니라 또 다른 하나
가 되는 것이 부부라고 한다. 하지만 우리 부부는 하나와 하나
가 만나 셋이 되었다. 아이가 셋이 되었다는 얘기가 아니라 원
래의 나, 원래의 너, 그리고 너와 내가 만들어낸 또 다른 하나.
그렇다고 해서 다른 부부들처럼 자기주장이 강해 주도권 싸움
을 하지도 않았다. 다만 원래의 나와 원래의 너를 터치하지 말
자는 약속이 암암리에 있었다. 어쩌면 원래의 너를 인정해줘
야 원래의 나를 지켜낼 수 있었기 때문일지도.
　원래의 나는 노는 걸 좋아한다. 물론 친한 사람들하고만

어울려 노는 성격이기 때문에, 나를 모르던 이들은 학교 끝나면 통학 버스 타고 집에 가는 모범생으로만 알고 있었다. 조용히 왔다가 사라지는 아이처럼 생각했다. 하지만 남들이 보지 않는 곳에 가서 나만의 방식으로 놀았다. 음주가무를 즐겼다는 게 아니다. 쇼핑하거나 영화를 보고 친구들과 수다를 떠는 등 혼자만의 즐거움에 빠져 살았다. 지금도 시끄러운 음악이 나오고, 쿵쾅쿵쾅 사람을 들뜨게 만드는 곳은 질색이다.

원래의 나는 멀티태스크가 가능하다. 그래서 부지런한 사람으로 보이는 모양이다. 드라마를 보더라도 여유롭게 소파에 앉아 화면만 보지 못하고 빨래를 개거나 설거지 같은 집안일을 동시에 한다. 요리할 때도 두세 가지 메뉴를 한꺼번에 하는 게 별로 어렵지 않다. 생존을 위해 한정된 시간을 짜임새 있게 쓰는 능력이 터득되었나 보다. 어쩌면 이 부분이 나를 가장 힘들게 하는 요인일지도 모른다.

나는 해야 할 일과 하고 싶은 일 가운데 해야 할 일을 먼저, 마음이 편한 일과 몸이 편한 일 가운데 마음이 편한 일을 먼저 선택하는 편이다. 개인적인 모임과 시댁 행사가 겹쳤을 때 1순위는 집안일. 힘들지만 먼저 해야 마음이 편한 일이다. 하고 나면 후련하고 행복해진다. 그것이 나에게는 '해야 할 일'

이다. 방송 일도 그렇다. 해야 하는 일과 하고 싶은 일이 겹쳤을 때 해야 할 일을 우선 처리한다. 그것도 아주 잘 해낸다. 그래야 더 당당해질 수 있기 때문이다.

원래의 나는 착하지는 않다. 물론 아직도 뚜렷한 정답은 없다. '착하다 또는 착하지 않다'라는 기준이 뭘까? 보통 심성이 곱고 마음이 여린 사람을 착하다고 하는 듯하다. 그 기준에서 보면 사실 착하지 않았다고 기록하기엔 억울한 면이 있다. 다만 나이가 들기 전까지는 내가 겪지 않은 일들에 공감하는 능력이 떨어지는 편이었다. 슬픈 드라마나 영화를 보고도 잘 울지 않았다. 남의 얘기를 들으며 언젠가 내가 겪을 일이라는 걸 안 것은 그리 오래된 일이 아니다. 공감 능력은 나이가 들면서 생기기도 한다. 착하지 않은 내가 조금 착한 나로 서서히 변하는 걸 보면.

나는 혼자 있는 걸 좋아하고, 혼자 노는 것을 즐긴다. 어릴 때부터 나만의 방을 갖고 싶었다. 옷과 화장품도 혼자만 쓰고 싶었다. 언니들 틈바구니에서 자라면서 나의 독립된 공간이나 생활을 원했는지도 모른다. 지금도 나는 습관처럼 말한다. 말한마디 안 하고, 외롭게 하루만 보내고 싶다고⋯. 하지만 외롭기에는 집에서 혹은 일터에서 동네방네에서 나를 찾는 사람이 너무 많다. 행복한 비명이다.

결혼이란
원래의 너도
잃지 않는 것

대학 합창 동아리에서 남편을 처음 만났다. 사실 둘 다 노래에 관심이 있어 합창단에 들어간 건 아니었다. 남편은 합창 동아리에 여자 단원이 많다는 소문을 듣고 들어왔고, 나는 동아리 탐색전을 벌이던 차에 고등학교 때 독일어 선생님이자 고등학교, 대학교 동문인 한 선배의 권유로 우연히 합창단에 들어가게 됐다. 복학생인 남편은 신입생들이 하는 활동을 귀엽게 봐주었다. (물론 여자 후배들만.) 나 역시 노래에 소질은 크게 없었지만 열심히 활동했고, 2학년 때는 단장을 맡으며 더욱 동아리에 빠져 살았다.

남편과 나는 3년간 각자가 다른 상대와 연애하는 것을 지켜보았다. 그러다가 남편이 대학원 2학년, 내가 대학 4학년이 되어서야 커플이 되었다. 1년간은 비밀 연애를 했다. 원래 친하게 지내던 선후배 사이라 딱히 의심하는 눈도 없었고, 둘 다 마지막 학년이라 학교에서 만날 일도 드물었다. 거의 학교 밖에서 만나며 연애했다.

남편은 원래 노는 걸 좋아한다. 동아리방에서 피아노 치며 노래하는 것을 즐겼다. 그 당시 《포켓가요》에 실린, ㄱ으로 시작하는 첫 번째 곡 '가거라 삼팔선'부터 ㅎ의 '희망의 나라로'까지 수백 곡을 전부 피아노로 치며 노래를 불렀다. 코드 반주를 시작하면 동아리방에 있던 사람들이 모여 같이 노래를 불렀다. 그 묘한 마력은 수업 시간이 되어도 멈출 수 없게 만드는 힘이 있어 자체 휴강이 잦았다. MT를 가면 남편은 걸어 다니는 노래방이었다. 모닥불 앞에서 기타 반주를 하며 모두들 뜬 눈으로 밤을 지새우게 만든, 잡기에 능한 사람이었다. 사람들과 어울려 즉흥 여행을 떠나는 날도 많았다. 경춘선을 따라 대성리, 강촌, 춘천으로 무작정 놀러 가기도 했다. 하염없이 가다가 정동진에서 일출을 보고 다시 돌아오던 한량이었다. 유유자적을 즐기고 분위기를 이끌 줄 알았다. 융통성이 많고, 상황에 대한 포용력도 있는 사람이다.

남편은 원래 부지런하지 않은 사람이다. 게으르다고 하면 억울하겠지만, 부지런하다는 느낌을 준 적이 없다. 깨우지 않으면 해가 중천에 뜰 때까지 잘 수 있는 사람이다. 하지만 잠을 깨웠다고 해서 화를 내거나 짜증을 내지는 않는다. 자신의 게으름을 묵묵히 부끄러워할 뿐이다. '시키는 일은 해도 자기 주도 학습은 부족한 스타일', 이것이 결혼 10주년 즈음 내가 내린 결론이다. 지금 생각해도 이보다 더 잘 요약할 수 없다. 아이들이 생기기 전까지는 자기 주도 학습이 부족한 남편도 별문제는 아니었다. 하지만 아이들이 생기고 나니 성인인 남편까지 챙기기란 버거울 수밖에 없다. 하지만 다행인 건 남편이 시키는 것만큼은 반항하지 않고 처리한다는 점. 게으름에 반항까지 했더라면 나는 못 견뎠을지도 모른다.

남편은 원래 착하다. 착한 것에 대해서는 두말할 필요도 없다. 특히 나를 위해서라면 조건 없는 헌신과 민망할 정도의 사랑 표현도 넘쳐난다.

또 남편은 박학다식하다. 1980년대 초반 「퀴즈로 배웁시다」라는 프로그램에서 두 번이나 주 장원을 한 적이 있단다. 남편보다 나이가 다섯 살 적은 나는 이름도 들어본 적 없는 프로그램이지만, 상품으로 위인전집을 받았다는 이야기는 명절 때마다 등장하는 시부모님 레퍼토리다. 시댁에서만 똑똑하고 대단한 아들이 아니라 나에게도 백과사전 같은 남편이다. 다양한 분야에 깊이 있는 지식을 가진 편이라 이것저것 찾아보기 귀찮을 때 남편 찬스를 쓰기 좋다. 잡학다식이라고나 할까. 역사, 사회, 경제, 정치, 스포츠, 신화, 과학, 기술…. 전방위로 해박하다. 온 세상 만물에 호기심이 충만한 사람이다. 앎의 욕구가 사방으로 펼쳐져 있다.

남편은 원래 게임을 좋아한다. 게임이라는 게 내 일을 방해하는 것도 아니고, 가계에 피해를 주는 것도 물론 아니다. 하지만 다 큰 성인이 밤새 게임을 한다는 건 적어도 남자 형제가 없는 나에게는 한심한 노릇이었다. S전자 다니던 시절 아침 6시도 안 돼 출근할 사람이 새벽 3시까지 게임을 하고 있으면 저절로 한숨이 나왔다. "신기해. 나는 매일 피곤한데 오빠는 회사 다녀와서도 안 힘든가 봐. 그러면 내가 자기 전에 집안일을 남겨놓을 테니까 밤에 좀 해줘." 이렇게 말했다. 그 후로 남편은 퇴근하고 돌아오면 내가 정해놓은 집안일을 다 해냈다. 빨래 개기, 설거지, 쓰레기 분리 배출, 청소 등을 묵묵히 마친 후 경건한 마음으로 새벽까지 게임을 즐겼다. 그 시절에는 술도 많이 안 마셨다. 보통 회사 사람들과 1차까지만 술을 마신 후 2차는 다들 PC방에 가서 2000년대 최고로 유행했던 스타크래프트 게임을 했다. '다들 배울 만큼 배운 사람들이 게임에 빠져 피시방을 다니느냐'고 타박한 적 있다. 다행인 건 2차, 3차까지 술 마시면서 난동 부리거나 만취한 상태로 집에 온 적이 한 번도 없다는 것. 게임을 좋아하는 본성은 변하지 않아서 아직도 남편은 게임에 심취해 있다. 요즘은 '리그오브레전드'를 한다. ('롤'이라는 줄임말로 더 많이 불리는 국민 게임이다.)

요즘 나는 중2 동현이가 스마트폰 쥐고 있는 것만 봐도 한숨이 나오면서 가슴이 돌덩어리처럼 무거워지던데. 언제 날을 잡고 시어머니랑 대화를 해봐야겠다. "지천명을 바라보는 아드님이 새벽까지 게임을 하는데 어찌할까요?"

게임뿐 아니라 결혼 후 남편을 거쳐 간 취미는 DSLR 사진 찍기, 다도, 화초 키우기, 현재 진행형인 목공까지. 다행스럽게도 모든 취미가 가족을 위한 것이다. 많은 남자들이 갖는 취미인 자동차나 낚시로 빠지진 않았다.

아무튼 원래의 남편은 이렇다. 사실 어느 하나 확 뜯어고칠 만큼의 큰 문제는 아니다. 그래서인지 남편을 완전히 내가 원하는 모습으로 바꿔야겠다고 생각해본 적도 없었고, 이 중 어떤 것이 큰 문제를 일으켜 부부싸움을 한 적도 없었다. 원래 그러려니 하고 살면 별문제 없이 사는 게 부부 사이 아닌가.

있는 그대로의 모습 인정해주기, 그게 어렵다. '타고난 것이 이 모양이다'라고 생각하면 만사가 편하다. 사람들은 각각의 고유성을 갖고 태어난다. 생김새만큼이나 성격이 다양하다. 서로 다름에 이끌려 사랑에 빠지고, 결혼한다. 다름은 상대방에 대한 매력지수다. 나에게 없는 무언가가 있기에 끌린다. 특별히 모나지 않고 특별히 뛰어나지 않은 남편과 나. 그냥 그렇게 원래의 모습대로 살아가도 충분했다.

원래의 나도 어느 것 하나 확 고쳐야 할 문제점이 없었던지라, 남편 역시 나를 자기만의 스타일로 바꿔보겠다는 쓸데없는 생각은 안 했던 것 같다. 원래의 내 모습대로 살아갈 수 있게 해줘서 고마울 뿐이다. 자기만의 고유한 영역을 지켜주고, 곁에서 있는 듯 없는 듯 존재하는 사이. 우리 부부가 그렇다. 그래서 아이들은 나의 부지런함과 아빠의 여유로움을 모두 닮으면 좋겠다.

원래의 남편과 원래의 내가 만나 16년이라는 시간 동안 무엇을 만들었을까? 다듬어지지 않은 원석들, 또 다른 우리라고 부를 만한 세 아이가 있다. 우리를 지지하는 양가 식구들이 있으며, 대학 시절을 함께 보낸 동아리 선후배가 남아 있다. 풋풋한 20대 젊은 시절의 추억을 공유하며 40대를 살아가는 지금의 우리가 있다. 남편과 나의 교집합이 생겼지만, 원래의 우리가 지닌 본성을 버리지 못하고 있다. 다행히 각자의 본성이 서로를 해치지는 않았으므로.

여자들의
무협지,
출산 비화를 아시나요?

2005년 12월 17일 새벽 4시 30분. 아침 생방송을 위해
새벽길을 달렸다. 평일 아침에는 경인방송에서 라디오 생방
송을 진행하고, 주말 아침에는 KBS「세상의 아침」에 리포터
로 출연하고 있었다. 당시 임신 9주 차. 특별히 조심해야 하
는 시기였다.

생방송 스튜디오로 들어가기 전 화장실에 들렀는데 몸에
이상 신호가 느껴졌다. 빨간 피가 쏟아져 내린 것이다. '이걸
어떡하지?'라는 걱정과 두려움. 그렇지만 내 걱정에 매몰될 수
만은 없다. 생방송 5분 전이다. 정신을 차리고 복도로 나갔다.

분장팀 막내의 운동화로 바꿔 신고, 생리대를 빌려 수습하고 급히 스튜디오 안으로 들어갔다. 어떤 일이 있어도 방송을 펑크 낼 수는 없다. 내 몸에서 일어나는 일보다 급한 것은 눈앞에 닥친 생방송이었다.

내 눈빛에서 이상한 낌새가 느껴졌는지, 옆자리의 출연자가 무슨 일이냐고 물으셨다. 이름만 대면 알 만한 대형 한방병원의 S 원장님이셨다. 광고가 나가는 사이, 조용히 원장님께 말했다. "선생님, 제가 임신 9주 차인데요. 방금 하혈을 했어요. 그래서 급하게 수습하고 들어온 상태예요. 너무 무서워요." 생방송 카메라가 비추지 않는 동안 선생님은 맥을 짚더니 "맥이 두 개 뛰어요. 아직 태아의 맥박이 느껴지니 걱정하지 마세요" 하시며 나를 안심시켰다. 그렇게 방송을 마치고서, 사람들이 채 나오기도 전에 서둘러 방송국을 떠났다.

사실 바로 전날인 12월 16일은 우리 부부의 결혼기념일이었다. 아직은 임신 초기라 조심해야 할 때에 예쁘게 차려입고, 굽 있는 구두를 신고, 큰아이까지 데리고 외식을 했던 게 혹시 무리였을까. 후회되는 마음에 구두를 벗었다. 12월의 차가운 복도 바닥을 맨발로 걸었다. KBS 복도의 얼음장 같은 냉기가 발바닥으로 고스란히 전해졌다. 얼마나 울었을까. 정신을 잃을 정도였다. 온 세상의 시간이 멈춰버린 듯했다.

남편이 데리러 왔다. 병원으로 가기에는 너무 이른 시각이니 우선 큰아이가 있는 시댁으로 가자고 했다. 대문을 열고 들어서자마자 신발도 벗지 못하고 현관에 주저앉아 울었다. 너무 무섭고 두려웠다. '아이가 잘못되면….' 시어머니께서는 "미역국 끓여놨다. 먹고 병원에 가자. 아이가 인연이라면 어떻게든 태어날 거고, 인연이 아니면 아무리 애써봐야 안 되는 거니까 울지 마라"라고 하신다. 평소에도 현명한 분인 건 알았지만, 세상이 무너지는 듯한 슬픈 순간에서도 냉정한 이성을 잃지 않으시다니, 한편으로는 매몰차게 느껴졌다.

병원에 갔다. 토요일 오전의 많은 예약 산모들을 제치고 응급으로 진료실에 들어갔다. (사실 두 언니와 나는 병원에서도 신경 쓰던 골칫덩어리 산모들이다. 초등학교 교사인 큰언니는 임신 초기 하혈로 구급차를 타고 병원에 실려 온 적도 있고, 작은언니는 유산기가 있어 임신 7개월까지 방 안에서 요강을 끼고 살던 원시인이었다. 21세기에 요강이라니. 그런 세 자매의 막내인 나 역시 동현이를 임신했을 때 피까지 토해내는 입덧으로 유난을 떨다가 28주 차에는 진통이 일찍 찾아와 조산 위험으로 두 달 넘게 입원했다. 병원에서는 골치 아픈 황씨 세 자매로 유명했다.) 잘 버틴다 싶던 임신

부가 응급으로 들어오니 담당 의사 두 분이 같이 진료를 하셨다. 진단 결과 이미 태반의 40% 이상이 떨어져나가서 아이를 지탱하기 힘들 것 같다고 했다. 만에 하나를 대비해 남편은 수술 동의서에 사인했다. 나는 버티는 데까지 버티겠다고 독하게 마음먹고 그날부터 병원 생활을 했다. 한 생명을 살리겠다는 강력한 마음이 생겼다.

생방송을 모두 끝내고 얘기를 전해 들은 팀장님이 전화하셨다. 주조정실에서 화면을 보면서도 전혀 몰랐다고 했다. PD님은 미안하다고 했지만, 생방송 중에 사실을 알았다 한들 달리 방법이 있었을까? 아마 방송을 하지 않고 그냥 돌아왔다면 지금까지 내 마음이 편치 않았을 것이다.

오랜 병원 생활을 하며 다행히 안정을 찾았다. 처음에는 태반이 40% 넘게 떨어져나갔지만, 자궁이 점차 커지면서 떨어져나간 태반의 비율이 줄어든 것이다. 다행이다. 천만다행이다. 물론 퇴원하고 얼마 안 있어 대상 포진으로 다시 입원하게 되었지만 무사히 둘째 석현이를 출산했다. 지금도 난 석현이를 끔찍이 아낀다. 시댁에서는 '잃을 뻔했던 아이라 더 각별한 거야'라고 하시지만, 나에게는 존재의 의미가 다르다.

남자들의 군대 이야기처럼 여자들의 출산기도 하나하나 대서사시다. 난 아이가 셋이니 무협지 세 편을 써낸 것이나 다름없다. 단, 나에게만 특별한 출산 무협지. 이쯤에서 끝내야겠다.

며느리를
조심하세요

몇 년 전, 시부모님을 모시고 겨울 여행을 갔다. 북적이지 않는 겨울 여행지는 어디가 있을까? 고민하고 고민하다가 이름도 정겨운 수안보 온천을 택했다. 7, 80년대 수학여행지, 신혼여행지로 주목받았던 그곳. 나는 초등학교 아람단 시절에 가보고 처음 와봤다.

가족 여행을 가면 나는 세 아이 몰래 숙소에 선물을 숨겨놓고 보물찾기를 하는 것을 좋아한다. 이번에는 투숙하는 객실이 하나라 몰래 선물을 숨길 시간적, 공간적 여유가 없었다. 그래서 생각해낸 방법이 로비에 있는 호텔 직원에게 미리 선물을 맡기며 부탁하는 것이었다. "저녁 8시에 ○○호실로 선물을 갖다 주세요. 아이들한테는 산타 할아버지가 맡겨놓은 거라고 꼭 얘기해주세요"라고 덧붙이며.

나 혼자만 계속 시계를 힐끔거렸다. 8시가 되자 '띵똥!' 하고 벨이 울렸다. "누구세요?" 하고 아이들이 달려나갔다. "동현이, 석현이, 지현이 앞으로 산타 할아버지가 선물을 맡겨두셨대요!"라고 대답하는 목소리가 들렸다. 지금 생각해봐도 연기력까지 겸비한 최고의 호텔 직원이 아닐까 싶다. 아이들은 신이 나서 펄쩍펄쩍 뛰었다. 달려나가 문을 열고 환호성을 지르며 빨간색 선물 꾸러미를 받아 왔다. "엄마, 산타 할아버지가 주고 가신 선물이래요!"라고 말하는 아이들의 천진난만한 표정을 아직도 잊을 수 없다.

완벽한 시나리오를 위해 우리 부부를 위한 선물과 함께 여행을 간 할아버지, 할머니를 위한 책 선물도 잊지 않았다. 선물 안쪽에는 미션 카드 열 장도 함께 넣었다. 이 중 하나를 뽑아서 카드에 적힌 미션을 수행해야 하는데 할머니, 할아버지는 열 장의 미션 카드 중 "동화전집 사주기" 카드를 뽑으셨다. 칠십 평생 산타에게 선물 받기는 처음이라고 기뻐하시며 "뭐든 좋으니까 애들이 좋아하는 책으로 사주마"라고 하셨다.

하나하나 선물 뜯는 재미에 흥분의 도가니였던 우리의 밤이다. 추운 겨울날 스키도 타고, 노천탕에서 온천도 즐기고, 맛있는 저녁 식사에 산타클로스의 선물까지. 아! 할아버지, 할머니용 미션 카드는 열 장 모두 똑같은 내용이 적혀 있었다는 건 안 비밀.

사물의 이력,
부엌칼에
이름을 새기다

14k 반지

대학교 캠퍼스 커플이었던 우리는 졸업하기 몇 달 전 나란히 사회에 발을 내디뎠다. 남편이 첫 월급을 받고 선물한 작은 큐빅 반지는 아직도 내 예물함에 담겨 있다. 모든 처음은 소중하다. 처음의 기억은 평생을 지탱할 힘이 되기도 한다. 14K 반지에 박힌 건 작은 큐빅이 전부지만 아직도 자신이 다이아몬드라도 되는 양 반짝반짝 빛을 내고 있다.

딤채

우리나라에 처음으로 김치냉장고가 생기면서 나온 제품이 1994년 위니아만도의 '딤채'였다. 선풍적인 인기를 끌며 주부들이 탐내는 가전제품으로 급부상했다. 시아버지는 새로운 것이 나오면 남들보다 먼저 써봐야 하는 분이다. 지금으로 말하면 얼리어답터. 일찌감치 초창기 딤채를 사용했던 시댁에서는 결혼하는 아들 부부에게 당신들이 쓰시던 김치냉장고를 물려주셨다. 이젠 우리도 대가족이 되어 대형 냉장고만 한 김치냉장고가 따로 있지만, 아직도 2001년에 물려받은 딤채를 쓰고 있다. 우리나라 김치냉장고의 역사와도 같은 푸른색 딤채는 고장 없이 튼튼하고 여전히 맛있는 김치 맛을 유지해준다. 고마운 딤채….

부엌칼

우리 집에 놀러 와 주방 일을 거들어본 사람들은 다 한 번씩 웃고 간다. 칼 때문이다. 결혼할 때 칼만큼은 친정에서 사주는 게 아니라는 속설이 있단다. ('친정과의 인연을 끊는다'라는 카더라 통신이지만.) 시부모님은 독일제 쌍둥이칼 세트를 사주시며, 어린 며느리가 날카롭고 뾰족한 칼에 다치기라도 할까 봐 칼끝을 둥글리셨다. 그리고 그 칼에 정성스레 이름을 새겨 넣으셨다. '황순유'. 연애하는 커플이 반지에 이름 이니셜을 새기는 건 봤지만 부엌칼에 이름을 새겨 넣은 집은 아마 없을 거다. 그래서 처음 칼을 보는 사람마다 웃음을 터트린다. 17년 동안 황순유표 칼은 아무 문제 없다. 정말로 애정을 갖고 매일매일 사용하는 부엌 물건이다. 혹시 나도 내 아들이 장가갈 때 며느리 이름을 그 위에 더 새겨 물려주는 것은 아닐까?

연도별 와인

우리 집 와인 냉장고에는 내가 결혼한 2001년, 큰아이가 태어난 2003년, 둘째가 태어난 2006년, 막내가 태어난 2008년산 와인들이 자리하고 있다. 기념할 만한 와인들을 사놓고 이걸 어떻게 마시느냐고? 언젠가는 마시겠지. 이 세상에 기념할 만한 일들이 설마 태어난 해밖에 없을까. 우리가 보내는 하루하루의 일상은 소중한 기억이다. 어제를 추억할 만한 일, 오늘을 기념할 만한 일, 내일을 기대할 만한 일. 핑계 삼아 술잔을 기울일 거리가 있다는 건 참으로 살맛 나는 일이다.

세상의 모든 사물에는 사연이 존재한다. 사물에도 이력이 있어서 사연을 거슬러 올라가 보면 어느 것 하나 소중하지 않은 것이 없다.

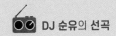
DJ 순유의 선곡

삶이 더
행복해지는 노래

토끼를 따라 이상한 나라에 도착한 앨리스처럼 낯선
세상에서 일희일비하는 당신. 당신에게도 심쿵하던
시절이 있었다는 걸 잊지 마세요. 모든 순간 행복할 순
없어도 행복했던 찰나의 순간이 모여 평생을 버티게
해줄 거예요.

♬ 조장혁 - LOVE (작사/조은희, 작곡/조장혁)

♬ 이상은 - 비밀의 화원 (작사,작곡/이상은)

♬ 동물원 - 너에게 감사해 (작사,작곡/박기영)

♬ 심현보 - 사랑은 그런 것 (작사,작곡/심현보)

♬ 최백호 - 길 위에서 (작사/이주엽, 작곡/김종익)

2장

어쩌다 보니
세 아이의
엄마가 되었다

나만 모르는
다자녀 혜택이
있나요?

아이 셋을 키우다 보니 주변에서 다자녀 혜택에 대해 많이
들 묻는다. "다자녀라서 혜택 많이 받겠어요"라며 부러워하기
도 한다. 어느 시에서는 셋째 아이 낳으면 지원금도 매달 나오
고, 출산장려금도 수백만 원까지 지급된다는데 내겐 남의 나
라 말 같다. 내가 받은 세 자녀 혜택은 이렇다.

1. 전기세, 수도세, 도시가스 요금 할인 혜택

2. 서울시 다둥이 카드로 공영주차장 50% 할인(아이가 둘인
   집은 30%인데 나는 무려 50% 할인을 받는다. 하지만 현실은

공영주차장에 갈 일도 많지 않거니와, 따져보면 한 달에 주차비로 할인받는 금액이 2~3천 원 정도밖에 되지 않는다.)

아니, 이게 다라고? 말도 안 된다고? 더 얘기해보라고 하지만 할 말이 없다. 진짜 이게 다다. 그나마 셋째 낳고 만 6년(72개월)까지 매달 10만 원씩 지원해주기로 했던 정책은 어느 날 갑자기 시행된 보육비 지원과 함께 사라졌다. 현재는 자녀가 하나인 집이나 둘, 셋인 집 모두 똑같이 유치원에 보내면 20만 원씩 지원, 가정보육을 하면 10만 원 지원으로 바뀌었다. 앞으로 0~5세 아동을 둔 모든 가정에 소득수준 상관없이 한 아동당 10만 원씩 지급하는 정책을 내놓았다. 출산 장려 정책이 대부분 현금 지원 정책인데 이것으로는 저출산을 해결할 수 없다. 육아 지원책이 사회적으로 법적으로 미비한 나라에서 누가 애를 낳겠는가? 대한민국에서 애 셋을 낳은 나 같은 여자는 용감하다기보다 무모한 거다.

3인도, 4인도 아닌, 5인 가족 구성은 우리 사회에서 불완전하기만 한 숫자다. 여행 가기 전 숙소를 예약할 때 보면 숙박업소 대다수는 4인 기준 요금을 받기 때문에 5인 요금 자체가 아예 없다. 4인으로 예약하고 체크인할 때 따로 들어오라는 친절한 팁을 알려준 곳도 있다. 하지만 내 자식 데리고 여행을 가는데 굳이 숨겨 들어가야 하는 것 자체가 불쾌하다. 심지어 추가 요금을 내고 이용하겠다고 해도 규정상 5인은 안 된다는 곳이 많다. 놀이공원에 가서 놀이기구를 탈 때면 한 명은 꼭 따로 타야 한다. 스키장에서 역시 4인 기준으로 된 리프트에 2인, 3인으로 나눠 앉아야 한다. 식당에 가려고 해보자. 식당 테이블 대부분은 4인 기준으로 세팅되어 있다. 5인이 함께 먹으려면 보조 의자를 하나 놓는 수밖에 없다. 자동차에 탈 때도 성인 자리 몫을 차지하는 초등학생 셋이 뒷자리에 타는 것은 꽤 불편하다. 세 아이를 데리고 택시에 타는 건 불가능에 가깝다.

어차피 이런 소소한 것들은 다자녀 가족이 알아서 감수해야 할 불편할 일이라고 쳐도 아직은 정책적으로 준비되지 않은 부분이 많다.

아이를 많이 낳으라고 출산 정책을 펴고 있지만, 세 자녀를 둔 엄마들이 체감하는 혜택은 이렇게 미미하다. 혹시 나만 모르는 다자녀 혜택이 있다면 알려주시길.

2017년 12월을 기준으로 한 이야기다. 2018년부터 시행되는 다자녀 혜택은 다양하다고 하니 기대해본다. 그렇다고 넷째를 가질 생각은 없지만.

회장 선거,
떨어져도 괜찮아!

"엄마, 나 회장 선거 나가도 돼요?"

새 학기가 되면 항상 듣는 말이다. 회장 같은 거 하지 않겠다는 애들도 많던데, 왜 우리 애들은 셋 다 꼭 회장 선거를 나가려고 할까? 내 일보다도 더 어려운 아이의 일. 정답을 알 수 없는 별 다섯 개 난이도의 주관식 문제 같다.

단답형 혹은 O/X 퀴즈로 모든 인생의 문제가 해결된다면 얼마나 편할까. 하지만 초등학생인 아이 인생에도 O/X 퀴즈만 있는 게 아니라 난이도가 다양한 주관식 문항이 존재한다. 출마하면 아이가 감당해야 할 부분, 당선되면 피하고 싶은 책임까지 설명이 요구된다. 그런데 이번에는 학급 회장 선거가 아니라 전교 회장 선거라니. 그동안의 주관식 문제와는 사뭇 다른 심화 수준의 문제였다.

워킹맘은 선뜻 아이의 회장 선거를 밀어주기 힘든 형편이다. 예전보다는 워킹맘의 자녀들이 반장, 부반장을 맡는 경우가 늘고 있지만 결코 쉬운 일은 아니다. 세 아이의 엄마, 게다가 워킹맘으로서 전교 회장 선거에 출마하겠다는 아들을 전적으로 밀어줄 수 없었다. 그렇다고 '하지 마, 엄마가 못 도와줘'라는 말은 차마 할 수 없었다. 선거를 치르고 회장에 당선된 이후 문제를 생각해보자는 마음으로 "그래, 열심히 한번 해봐. 엄마가 도와줄 수 있는 것까지는 도와줄게"라고 말했다. 말은 쉽게 했지만 속으로 얼마나 조바심을 냈는지 모른다.

초등학교의 전교 회장 선거는 복잡한 세계였다. 후보자의 포스터와 피켓을 제작하는 업체에 주문 대기를 걸어야 할 만큼 치열했다. 학기 초 뉴스에 단골로 등장하는 '대선 뺨치는 초등학교 회장 선거' '아이들 선거에 3월 가계부 휘청!'이라는 헤드 카피가 우리 집 일이 되어버렸다니. 이것 역시 아이를 통해 경험해보는 새로운 세상이었다. 여러 차례 동현이와 상의했고, 아이는 기특하게도 주말에 포스터와 피켓을 직접 만들기로 했다. 현란한 형광 색 도화지, 24색 두꺼운 유성 매직, 우드락과 부직포까지 꼼꼼하게 재료를 준비했다. 밤늦게까지 이야기하면서 정성껏 만든 포스터와 피켓은 눈에 띄었다. 선거일 하루 전까지 나는 '이제라도 인쇄소에 맡겨?' 아니면 '하루만 지나면 끝인데 뭘' 두 마음이 팽팽하게 줄다리기했지만 끝내 번복하지 않았다.

결론부터 말하면 아이는 아까운 표 차이로 떨어졌다. 선거 결과가 나오자 집에 돌아온 동현이는 방문을 걸어 잠그고 소리 내 울었다. 그렇게 상심이 클 줄은 몰랐다. 패배의 아픔을 아무렇지도 않게 받아들일 나이는 아니었나 보다. 선기는 혼자 노력해서 나오는 시험 결과와는 또 다르다. 선거 공약도 중요하고, 선거운동을 도와주는 친구들의 영향력도 중요하다. 여기에 보이지 않는 운까지 더해져 성패가 갈린다. 잠시 '엄마로서 준비가 허술했던 것일까? 포스터를 내 손으로 만든 것이 문제였을까? 인쇄소에 맡긴 매끈한 선거 포스터와 비교돼서 그런 걸까?'라는 자책감이 들었다.

두 시간 넘게 울던 동현이는 방문을 열고 나왔다. 못다 한 말을 꺼내놓는다. "도장 두 번 찍어서 무효표 된 거랑 인주 번진 것들만 아니었어도 내가 될 수 있었는데…. 엄마! 선거운동

도와준 우리 반 친구들이랑 같이 간식 먹을 수 있게 해주세요. 2학기에 우리 반 친구가 후보로 나가면 나도 아침 일찍 가서 크게 응원해줄 거예요"라는 다소 생뚱맞은 후기로 나를 위로해줬다. 기특하다. 스스로 값진 교훈을 배웠다. 엄마 마음속에서는 이미 대통령도 부럽지 않았다.

세상에 버릴 건 하나도 없다. 이기면 이기는 대로, 지면 지는 대로, 행복하면 행복 안에서, 불행하면 그 불행 안에서 많은 걸 깨닫게 된다. 전교 회장에 당선되었더라면 그것도 괜찮다. 물론 떨어져도 괜찮다. 초등학교 전교 회장 출마 경험은 그야말로 인생에 단 한 번인 경험 아닌가. 전화 한 통과 입금 절차만으로 만들어진 전문 디자인 업체의 포스터와 손수 제작한 포스터는 비교할 수 없다. 문방구에 같이 가서 색 도화지를 고르던 순간의 두근거림이 아직도 기억난다. 졸린 눈 비벼가며 하나하나 오려 붙이던 순간. 완성은 했지만 뭔가 어설픈 포스터에 그래도 고맙다며 엄지손가락을 올려주던 아들의 웃음에 기분 좋았다. 순간이 모여 또 하나의 추억이 된다.

8표 차이로 떨어져 아쉬워하는 아들을 보며 어른인 나도 배웠다. 세상을 살면서 내 편 8명이 얼마나 소중한지를. 아슬아슬한 표 차이로 선거의 당락이 결정되면서 인생이 알 수 없는 곳으로 흘러간다. 하지만 그 패배에서 아이들은 분명 배워 간다. 인생에서 자기 능력만으로 불가능한 일들이 있음을 서서히 깨닫게 된다. 내 능력에 부치는 일들은 가족의 도움이 필수적이다. 내 힘으로 안 되는 것들은 친구들이 도와야 가능하다. 거기에다 보이지 않는 운이라는 요소도 내 편이어야 한다. 그러니 너무 상심하지 말자, 동현아! 그만하면 충분히 잘했어.

내 아들이
남의 아들 되는 시기,
중2를 부탁해

큰아이 동현이가 중학교 2학년에 올라갔다. 북한의 김정
은도 무서워서 못 쳐들어온다는 중2가 우리 집에도 있다는 게
신기할 뿐이다. 다행히 아직은 눈빛이 무섭지 않다. 부모에게
대들 만큼 간이 크지도 않다. 집 나가겠다고 가방 싸매고 나갈
정도로 대범하지도 않다는 건 '안 비밀'.

사람에게는 태어날 때부터 가지고 있는 천성이 있다. 동현
이는 어릴 때부터 순하고 조심성이 많았다. 남에게 싫은 소리
듣기를 꺼리고, 상대에게 피해를 주는 행동을 하지도 않았다.
예를 들어 "이 서랍은 손가락이 끼일 수 있어. 위험해"라고 말

하면 항상 조심스럽게 서랍을 열었다. 친구가 식탁 모서리에 머리를 찍혀 다친 것을 한 번 본 이후로 모든 가구의 모서리를 늘 조심했다. 아이의 타고난 성격을 가장 잘 아는 사람은 부모가 아닐까? 어릴 때부터 가장 많은 시간을 함께 보낸 사람. 물론 '내 아이는 내가 가장 잘 알지. 우리 앤 절대 그렇지 않을 거야'라는 잘못된 믿음으로 아이를 망치는 부모도 여럿 봤다. 그럼에도 불구하고 나는 아들을 믿었다.

　　그래서 결심했다. 동현이에게 사춘기가 찾아오면 그 비위를 다 맞춰주리라. 무조건 내가 져주자, 다 받아주자. 어차피 인생에서 정상이 아닌 시기를 보내고 있는 아이에게 이성으로 설명하기란 불가능한 일일 테니, 서로 불필요한 감정싸움은 생략하고 싶었다. 사춘기 아들과 갱년기(?) 부모의 기 싸움처럼 효율성 떨어지는 일은 없다고 생각했기 때문이다. 종류별로 예방주사를 맞았다고 해서 그 병에 걸리지 않는다는 보장은 없다. 다만 걸리더라도 약하게 넘어갈 뿐이다. "무조건 아이에게 다 져주리라"라고 나 스스로 예방접종을 한 셈이다. 그 덕에 내 아들이 남의 아들처럼 보이는 순간도 이해하고 넘길 수 있었다. 속상할 때도 있었지만 남의 아들이라고 생각하니 다 '그럴 수도 있겠구나' 이해가 되고 마음이 편안했다. 제 딴에 반항해봐야 뉴스에 나오는 자극적인 이야기들과는 거리가 먼, 한없이 순하기만 한 아들이었다.

사실 형의 사춘기에 가장 당황하고 상처를 받은 건 둘째 석현이였다. 끔찍이도 아끼고 보살펴줬던 형이 같이 놀아주지 않고, 시도 때도 없이 "초딩 주제에"라는 말로 자존심을 긁자 많이 힘들어했다. 형 친구는 모두 자기 친구라고 생각했었는데 이제 형이 친구들이랑 놀 때 안 데리고 간다니…. 석현이는 서운해서 운 적이 한두 번이 아니었다. 하지만 이제껏 동생을 챙겨가며 같이 놀아준 형에게 고마워할 일이지, 지금 안 놀아준다고 해서 서운해하면 안 될 일이었다. 정상이 아닌 시기. 이성과 말이 따로 사는 시기. 동현이도 사춘기가 왔다.

제일 처음 보인 변화는 잠이었다. 아침형 인간인 엄마를 닮아 깨우지 않아도 새벽 5시, 6시에도 벌떡벌떡 잘 일어나는 아이였다. 일찍 자고 일찍 일어나는 동현이의 수면 패턴은 나와 닮았다. 태생적인 아침형 인간이라 믿었다. 그러던 아이의 아침 기상이 점점 힘들어졌다. 심지어 열네 살 아이가 낮잠도 자기 시작했다. 처음엔 '학원 가기 싫어서 꾀를 부리는 걸까?'라고 의심했다. '혹시 아이가 만사 다 포기한 건가?' 싶은 마음에 걱정도 했다.

이 1단계의 변화는 자유학기제를 마치고서 중1의 처음이자 마지막 시험 때 찾아왔다. 다니는 학원에서는 시험을 3~4주 앞두고 내신 대비에 돌입했다. 그와 동시에 동현이의 낮잠과 밤잠도 하염없이 길어졌다. 쏟아지는 잠을 주체할 수 없어 본인도 괴로워했다.

그때 생각난 아이들이 있었다. 내가 잠시 수학을 가르쳤던 중학생 남자아이들이었다. 모두 생활이 모범적인 데다 성적은 늘 최상위권이었다. 그러던 어느 날 학원에 늦기 시작하고 결석이 잦아졌다. 엄마들은 자느라 못 갔다는, 말도 안 되는 대답을 했다. 그때의 나는 이해할 수 없었다. '나이가 몇인데 낮잠을 자나? 엄마들은 뭘 하느라 깨우지도 못하나?'라고 생각했다. 부모가 아이들을 허술하게 관리하는 거라고, 혹은 아이들의 나태한 태도가 문제라고만 여겼다. 나는 동현이를 보면서 과거의 내 학생들에게 용서를 구했다. '내 아이를 먼저 키워보고 너희들을 가르쳤다면 더 많이 이해하고 품어줬을 텐데 미안하구나'라고 반성했다. 내 아이의 변화를 보면서 다른 아이를 이해하게 되었다. 경험만큼 사람을 성장시키는 건 없나 보다.

사춘기는 여러 모습으로 시작된다. 외모에 신경을 쓰면서, 이성에 관심이 생기면서, 부모의 말에 무조건 대꾸를 하면서 그리고 드물게는 사회에 반항하면서 등 열이면 열 그 모습은 다양하다. 동현이의 경우는 잠이었다. 그렇게 잠과 함께 중학교 1학년 겨울이 지났다. 한 계절이 가고 나니 동현이는 쑥 자라 있었다. 키도, 목소리도, 생각도.

아들의 사춘기를 앞두고 이렇게 다짐했다. 어차피 사춘기가 인간과 짐승 사이에 있는 시기라면 엄마인 내가, 사람인 내가 받아줘야지. 굳이 아닌 거 알면서도 부득부득 우길 너랑 씨름하지는 않을게. 엄마가 큰 숨 한 번 들이쉬고 받아주고, 엄마가 성질 한 번 팍 죽이고 안아줄게. 어차피 돌아올 내 아들이니까. 내 다짐을 눈치챈 건지, 아직 제대로 된 사춘기가 시작되지 않았는지는 모르겠다. 중학교 2학년 후반이 되어간다. 그는 멀쩡하다. 아니, 어쩜 나 스스로 준비했던 예방주사의 효험일까. 혹시 뒤늦은 사춘기가 또다시 찾아온대도 혹독하지 않을 거라고 생각한다. 아이의 사춘기, 엄마의 예방주사가 필요하다.

내가 무슨 복을
타고나서
너의 엄마가 되었을까?

생각이 깊고 남을 배려할 줄 아는 사람, 마음이 예뻐서 다른 사람의 예쁜 면을 바라볼 줄 아는 사람, 서운하고 속상할 땐 떼쓰기보다 한 번 더 요구할 줄 아는 현명한 사람, 하나부터 열까지 예쁘지 않은 구석이 없는 사람. 이런 사람이 내 곁에 존재한다. 나이가 고작 열 살이라는 것이 믿기지 않는다. 나는 무슨 복을 받은 걸까? 지현이가 일곱 살쯤 되었을 때 옷장 정리를 하다가 우연히 신혼 일기장을 발견했다. "아들, 아들, 딸을 낳고 싶다"라는 정말 어처구니없고 철없는 소망이 적혀 있었다. 아이 셋을 키운다는 게 얼마나 치열한 일인지도 모른 채 적어놓았다. 세상에서 아이 셋을 책임진다는 게 어떤 의미인지도 모르던 스물다섯 살 그 나이에 말이다. 원래 말하는 대로 잘도 이뤄지는 내 말은 어김없이 현실이 되었다. 세 아이의 엄마가 됐다. 스물다섯 신혼 일기장의 간절한(?) 꿈대로….

　잠깐 태명 이야기를 꺼내면, 첫째 동현이는 금처럼 소중한 사람이 되라는 뜻의 '황금'이다. 둘째 석현이는 금처럼 순수한 사람이 되라 하여 '순금'으로 지었다. 솔직히 말하면 황금, 순금에는 좋은 뜻을 갖다 붙인 것이고, 그저 남편 이름 김(金)과 내 이름 황, 순의 자를 하나씩 따서 황금, 순금으로 지은 것이다. 셋째는 어떤 태명을 지을까? 순서대로라면 '유금'이라고 지어야 하는데 딱히 갖다 붙일 뜻도 없거니와 와 닿지도 않았다. 지현이를 임신했을 당시 나는 낮 12시 성인가요 프로그램을 진행하고 있었다. 같이 일하던 작가들이 태교로 트로트를 들었으니 흥이 많은 아이가 태어날 거라며, 트로트에서 '트' 자를 빼고 '로트'라고 지어줬다. '로트야, 로트야!' 하면서 매일 두 시간 동안 트로트를 얼마나 신나게 불러댔는지 모른다. 우리 로트는 배 속에서부터 선물과도 같은 아이였다. 오빠들이 엄마 배 속에 있을 때 얼마나 긴장하게 했는지 알기라도 하듯, 나는 셋째가 되어서야 나름 우아한 임신 기간을 보냈다. 물론 5개월의 징~한 입덧, 임신성 당뇨도 찾아오긴 했지만 첫째, 둘째 아이와 비교하면 안정적인 열 달이었다. 예정일 일주일 전까지 방송을 하고 하차했을 정도다. 그로부터 9년이 지난 지금도 지현이는 언제나 다른 사람의 마음을 읽을 줄 아는 예쁜 아이다. 아이를 키워보지 않은 어떤 사람은 "애가 그럴 수 있어? 애답지 않다"라고 말한 적도 있다.

지현이는 누구와도 잘 어울려 놀지만 마음이 편안한 친구를 좋아한다. 편을 나누지 않고 괜한 고집을 부리는 걸 불편해한다. 슬슬 남자와 여자의 편이 갈라질 나이지만 오빠들을 통해 수컷 동물이 어떻게 살아가는지 미리 터득한 아이라 남자 친구들을 이해하는 폭이 넓다. 무슨 일이 생겨도 남 탓을 하지 않는다. 학교 준비물도 잘 안 챙기는 친구의 것까지 넉넉히 챙겨 가야 마음이 편하다는 언니 같은 아이다. 엄마인 나도 언니 같은 딸에게 마음을 의지할 때가 있다. 유치원 때부터 지금까지도 상담을 가면 이렇게 예쁜 아이를 보내주셔서 고맙다는 인사를 듣고 온다. 그러면 나는 "손이 덜 가는 아이라 더 신경을 써주세요. 급한 아이들 먼저 챙기다 보면 한 번도 신경을 안 쓰게 될 수도 있는 아이예요"라고 신신당부를 한다. 다섯 살이 되기까지 어린이집을 보내지 않은 것도 그 때문이었다. 흘리고 싸우고 울고 떼쓰는 동갑내기들 틈에서라면 지현이는 맏언니처럼 조교 역할을 할 것이 눈에 보였다. 그럴 거라면 집에서 뒹굴뒹굴 사랑받으며 보내는 게 훨씬 좋을 것 같았다.

어떤 이들은 이렇게 말한다. "애가 애 같아야지. 떼도 쓰고 울고불고 그렇게 크는 거지"라고. 하지만 선천적으로 평온한 아이한테 일부러 떼를 쓰라고 가르칠 수는 없는 노릇 아닌가. 태생이라는 건 어쩔 수 없는 법이다. 누군가에게 돌잔치 초대를 받으면 나는 축하카드를 꼭 함께 쓰는데 항상 적는 글귀가 있다. '웃음이 많은 아이, 사랑받는 아이, 행복한 아이가 되렴. 그리고 사랑할 줄 아는 아이가 되렴….' 나의 작은 주문은 내 딸에게 돌아와 웃음이 많고, 어딜 가나 사랑받고, 작은 것에 감사할 줄 아는 아이로 자라고 있다.

무라카미 하루키의 수필집에는 작지만 확실한 행복을 '소확행'이라 정의했다. '갓 구운 빵을 손으로 찢어 먹는 것, 서랍 안에 반듯하게 접어 넣은 속옷이 잔뜩 쌓여 있는 것'처럼 작지만 확실한 행복을 가져다주는 일. 엄마인 내가 지현이와 매일 하나씩 느껴가고 싶은 것 또한 소확행이다. 안방 침대에 누워 엄마 아빠와 뒹굴뒹굴하는 시간, 하굣길 친구들과 놀이터에서 뛰어노는 시간, 아빠가 머리를 감겨주는 향기로운 시간,

매일 밤 연필을 뾰족하게 깎아 필통에 담는 시간. 우리 지현이의 소확행을 늘려가고 싶다. 나의 가장 큰 행복이 너희이므로.

밖에서만
정상인 아이,
너는 나의 평생 숙제

아이를 키우는 게 왜 힘들까 생각해본 적이 있다. 몸이 힘들고 마음이 힘든 건 다른 일도 마찬가지인데, 왜 유독 아이를 키우면서 '죽겠다'고 말하는 엄마들이 많을까? 기본적으로 육아는 끝이 없어서 그렇다. 마감 기한이나 종료 시점이 없다. 자식이 성인이 되어도 부모는 다 키웠다고 생각하지 않는다. 불혹 넘긴 자식을 보면서도 다 키웠다는 생각이 들지 않을 수도 있다. 죽지 않는 한 끝나지 않는 게 육아다. 반면 직장 일은 출근과 퇴근이 있다. 끝내 견딜 수 없다면 퇴직하거나 이직할 수도 있다. 그렇지만 아이를 키우는 일은 며칠 밤을 새워서 프로젝트를 끝낼 수도 없고 어디 가서 애를 바꿔 올 수도 없다. 짜릿한 쾌감은 잠시뿐, 산 넘어 산이라는 느낌을 준다. 기한 없는 프로젝트가 연속적으로 이어진다. 아이가 하나여도 힘든데 둘, 셋이다. 말을 말아야지.

'아이들을 키우는 게 왜 힘들까?'라는 질문에 내가 찾아낸 답은 일의 '동시성'이다. 차례대로 하나둘 차근차근 하는 학교 공부와 다르다. 직장 업무와도 다르다. 모든 일이 한꺼번에 벌어지면서 정신을 온전히 차릴 수 없다. 첫째 아이 다 키워놓고 손을 뗀 다음 둘째, 셋째에게 집중하는 게 아니다. 첫째 아이는 계속 자라고, 그 와중에 둘째와 셋째가 태어나 자란다. 막내에게 젖을 먹이면서 첫째, 둘째에게 그림책을 읽어준다. 큰 애는 누워서 재우고, 둘째는 안아서 재우고, 막내는 업어서 재운다. 막내 똥 기저귀 갈아주면서 큰 애들 밥을 차려주어야 한다. 감당할 능력도 마음도 커져야 하는데 내 몸은 따라주지 않는다. 정신과 몸의 불일치를 경험한다. 이게 바로 멘붕이다.

해도 해도 풀리지 않는 숙제가 나에게도 있다. 내 인생의 가장 빡센 숙제, 바로 한겨울에 샌들 신겠다고 떼쓰는 너다. 멀쩡하게 차려입고서는 왼발에는 구멍 숭숭 뚫린 크록스 샌들을, 오른발에는 털 달린 부츠를 신고 나가겠다고 한다. 온 방에 스카치테이프로 거미줄을 쳐놓고 영화 「미션 임파서블」의 주인공이라도 된 듯 림보를 하면서 다닌다. 학원 버스 기다리다 말고 비둘기 쫓아가느라 버스 놓치는 일이 허다하다. 온종일 같이 있다가 문방구 다 닫은 시간에야 내일 준비물을 말하는 것은 약과. 아침잠이 많아서 깨우는 데만 한 시간, 잠깐 동생 챙기는 동안 살금살금 나가버리고. 남들은 오빠가 있어서 든든하겠다고 하지만 쉬는 시간이면 동생네 반으로 학용품 빌리러 오는 오빠, 어떻게든 동생을 이겨보겠다고 부득부득 생트집을 잡는 오빠다. 하나부터 열까지 숙제의 연속이다.

글로 쓰니 별것 아닌 듯하다. 나도 안다. 이게 석현이라는 숙제 하나라면 아무 문제가 없다는 걸. 한 아이에게 온전히 집중하여 맞춰주고 기다려주면 된다. 그런데 내 생활은 그렇지 않다. 한 아이만 챙기면 나머지 둘은 어쩌란 말인가. 핸드폰을 쥐여준들 무용지물이다. 전화를 받지 않는다. 늦은 저녁까지 집에 안 들어온 적도 많다. 그럴 때면 생방송 시간 직전 동네 엄마들에게 카톡을 남긴다. "석현이 좀 찾아서 집으로 보내주세요"라고 말이다. 그러면 아파트 곳곳의 놀이터 근처마다 "석현아, 집에 가!" 엄마들의 목소리가 울려 퍼진다. 어딘지는 모르겠지만 "네!" 하고 대답이 온다. 비 올 것 같은 날마다 우산을 하나씩 가져가 버려서 정작 비 오는 날에 우리 식구가 쓸 우산이 하나도 없다. 점퍼를 입고 학교 가서는 서랍에 벗어두길 밥 먹듯 해서, 어떤 날은 점퍼 세 벌을 한꺼번에 가져오기도 한다. 필통 욕심은 왜 그렇게 많은지, 문방구 갈 때마다 꼭 사야 한다. 그렇지만 매번 새로 산 필통은 온데간데없고 실내화 주머니에 연필 한 자루 달랑 갖고 다니는 아이다.

밖에만 나가면 멀쩡하다. 학교에 가도, 동네에 나가도 칭찬이 넘쳐난다. 우리 가족은 당황스럽다. '밖에서만 멀쩡한 아이'라는 걸 알기 때문이다. 10분이면 반짝 끝낼 수 있는 숙제든, 두고두고 힘들게 장기 프로젝트로 해내야 하는 숙제든 언젠가는 끝낼 일이다. 새 학기가 올라가면, 학교를 졸업하면 이전 숙제와는 이별이다. 내게도 '숙제 잘 끝냈다!' 하는 날이 올까?

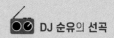

지친 당신에게
에너지를 주는 노래

직장에서 퇴근하고 집으로 또 출근하는 워킹맘의
하루. 힘들고 버겁지만 아이들의 웃음소리에 기운을
얻습니다. 지나고 나면 그리울 날들, 보내고 나면 다시
오지 않을 날들. 오늘도 행복하셨죠?

♫ 박학기 - 비타민 (작사,작곡/박학기)

♫ 김현철 (Vocal by 안정아) - Love is (작사,작곡/김현철)

♫ 자전거 탄 풍경 - 보물 (작사,작곡/강인봉)

♫ 더 클래식 - 마법의 성 (작사,작곡/김광진)

♫ 윤종신 - O My Baby (작사/윤종신, 작곡/윤종신, 이근호)

3장

체험 삶의 현장!
극한 직업,
엄마 체험기

엄마는
아이와 함께
자란다

누군가 나에게 묻는다. "네 인생에서 가장 걸림돌이 된 것은 무엇이니?" 이런 질문은 평온하게 흘러가는 평범한 일상에서 불현듯 머릿속을 멍하게 만든다. 여자의 인생에서 가장 큰 '걸림돌'은 무엇일까?

내 또래 여자들의 수다에서 왕년의 이야기는 빠지지 않는다. "내가 20년 전에는…" "내가 대학 다닐 때는…"이라는 말로 시작한다. "지금보다 몸무게가 10kg은 덜 나갔었잖아." "밤새 나이트에서 부킹하면서 놀았잖아!" "수능 전국 1% 안에 들었었지." "직장에서 며칠 밤새워 만든 프로젝트로

매출 1위도 했었어. 완전 신이었어!" 과거 한때 잘나가던 시절 이야기를 하면서 눈을 반짝인다. 과거의 빛났던 순간을 떠올리면 머릿속에 핑크빛 환상이 채워진다. 실제로 그녀들의 과거가 그토록 판타스틱했는지는 아무도 모른다. 본 적 없으니.

리즈 시절을 말할 때는 눈이 초롱초롱하다가 갑자기 표정과 말투가 바뀐다. "그런데 내가 애 낳고부터는 이러고 살잖아." 갑자기 모든 문제의 원인이 깔때기처럼 하나로 귀결된다. 애를 낳고부터는 왕년의 내가 될 수가 없다. 급격하게 달라진 인생은 스스로 원한 적 없는 형태다. 거울 속의 나는 질끈 묶은 머리에, 무릎이 튀어나온 회색 트레이닝 바지를 입고 있다. 내 이름을 누군가 불러준 지 오래되었다. 이력서의 마지막 줄이 이미 십 년 전 이야기다. "내가 이러려고 애를 낳았나 생각하니 자괴감이 들어요"라고 지금의 나를 만든 근원이 바로 출산과 육아라고 말한다. 아이를 낳고부터 여자의 인생은 일시 정지되어버렸다. 플레이되지 않는 오디오처럼.

베이비시터도 못 믿겠고 시댁이나 친정엄마의 도움도 받을 수 없는 상황에서 그녀들은 결국 육아를 택한다. 보람도 없는 중노동의 삶이 연일 이어진다. "남들의 시간표와는 달리 먹을 수 있을 때 먹어야 하고, 잘 수 있을 때 자야 하고, 굳이 마렵지 않아도 쌀 수 있을 때 싸둬야 한다"라고 생각하며 아이를 키우던 시절이 있다. 보통 대한민국을 살아가는 여자들이 다들 그렇게 살아간다. 비혼이니 싱글족 같은 말이 낯설던 때, 결혼과 출산은 사회적인 관문이었다. 꼭 해야만 하는 자연스러운 일이라고 여겼다. 나 역시 남들 다 하는 연애를 하고, 결혼을 하고, 아이도 낳았다. 아이를 낳는 게 어떤 일인지 전혀 예측하지 못한 채 엄마가 되어버렸다. 어쩌다가 내 인생, 애 셋을 둔 엄마가 된 걸까?

갑자기 궁금해졌다. '정말로 아이가 엄마들 인생의 걸림돌일까?' 세상에서 가장 슬픈 상상이었다. 내가 가장 사랑하는 아이들이 내 인생의 걸림돌로 남는 건 어떤 슬픈 드라마보다 더 슬프다. 시간이 흘러 나의 지난날을 돌이켰을 때 절대 아이들 탓을 하고 싶지 않다. 상황을 탓하고 어쩔 수 없었던 선택을 후회하면서 살고 싶지 않다. 아이들이 걸림돌이 되어 제자리에 머물 수밖에 없었다는 궁색한 변명도 하고 싶지 않다.

평균 수명이 60대이던 시절에는 당연히 20대 초반에 아이 낳고, 40대면 중년이 되고, 50대 이후는 노년이었다. 이제는 아이 낳고 다 키워놓은 50대 이후로 50년은 더 살아야 한다. '애 때문에 내가 꿈을 못 이뤘지'라는 건 과거에나 통할 말이다. 마흔, 쉰이 넘어서 새롭게 시작할 기회나 시간은 충분하다. 아이가 걸림돌이라는 말은 소극적이고 게으른 지난날에 대한 변명이고 핑계일 수 있다.

그래서 더 열심히 살기로 했다. 먼 미래에 '아이들 때문에…. 아이들이 내 인생 걸림돌이었어'라고 화살을 돌릴 이유도 없다. 이렇게 생각하고 지내니 마음이 가볍다. 물론 때로는 두려움도 몰려온다. 반대로 아이들에게 엄마가 걸림돌이 될까 봐. 평범한 엄마들처럼 가정을 돌보고 아이들을 챙기는 게 생활의 전부는 아닌 엄마라서 아이들이 엄마 탓을 하지는 않을까. 우리 아이들이 "다른 엄마들처럼 우리에게만 신경 써주는 엄마였다면 우리가 더 잘됐을지도 몰라요"라고 말하는 건 아닐까.

아이들이 조금 더 크면 약속하고 싶다. "너희들이 어른이 되고 엄마가, 할머니가 되었을 때 서로 고마웠다는 말을 건넬 수 있는 사이가 되자"라고. "단단하게 자기 길을 묵묵히 걸어간 엄마와 아빠가 있어서 내 인생도 당당하게 그릴 수 있었어요"라는 말을 듣고 싶다. 모든 사람은 자신만의 삶을 산다. 함께 그리고 각자 살아간다. 서로에게 짐이 아니라 든든한 버팀목이 될 수 있는 그날까지 나는 오늘도 새로운 아침을 맞이한다.

왜 부모에게
받은 사랑은
돌려드릴 수 없는 걸까?

"엄마, 아빠는 자식이 둘이건 셋, 넷이건 다 잘 챙기잖아. 근데 왜 자식은 두셋이나 되어도 부모에게 그만큼 못 해드리는 걸까?" 친구가 뜬금없이 이런 질문을 했다. '딩!' 하고 둔탁한 망치로 뒤통수 얻어맞은 느낌이었다. 정말 그렇다. 자식이 아무리 많아도 내가 자식에게 준 사랑만큼 받기 힘들다. 마찬가지로 내가 부모에게 받은 사랑이 아무리 커도 그 사랑을 부모에게 갚을 수 없다. 지금의 나만 봐도 '엄마'라는 이름표 하나로 아등바등 사는데 정작 내 엄마, 내 아빠를 제대로 못 챙겨드리고 있다.

어리석게도 여전히 사랑은 아래로만 향한다. 엄마는 항상 걱정이다. 찬바람이 불 때면 감기라도 걸릴까 노심초사, 생방송으로 라디오 듣다가 조금이라도 목소리가 안 좋으면 누구보다 예민하게 알아챈다. 그날 바로 목감기 예방에 좋다는 생강차를 만들어 오신다. 눈비 오는 날에는 "운전 조심해라" 끊임없이 걱정하신다. 마흔 넘은 딸, 세 아이가 있는 딸이 걱정덩어리다. 아흔이 넘은 우리 할머니가 일흔 넘은 울 아빠한테 '이 감 한번 먹어봐라' 혹은 '얼굴이 왜 이렇게 상했냐' '어디 아프냐' '내 새끼'라고 하시는 걸 보면 우린 끝까지 부모의 사랑으로 사는가 보다. 죽을 때까지 말이다.

드라마를 볼 때마다 천재라고 생각하는 노희경 작가의 「세상에서 가장 슬픈 이별」에는 이런 대사가 나온다. "우리 엄마가 그러는데, 자식이 부모한테 받은 건 안 돌려줘도 된대. 아니, 못 돌려준대. 물이 위로 흐를 수 없는 것처럼."

한 지인이 치매로 힘들어진 엄마를 요양원에 모시게 됐다. 그리고 가끔 형제들이랑 찾아가 맛있는 것도 먹고 말벗도 되어드리곤 하는데, 요양원 갔다 온 날이면 나를 붙들고 하염없이 운다. "우리 엄마가 나를 하나도 못 알아보시고, 자꾸만 '엄마, 엄마' 해요. 어렸을 때 얘기만 해요. 엄마에게 어리광부리

듯이 말하고 있어요. 엄마는 날 키우던 시절이 하나도 기억 안 나나 봐. 그립지 않나 봐. 너무 속상하고 미안한데 엄마가 나를 하나도 못 알아봐…"라며 눈물을 흘린다.

그럴 때면 나는 아직 겪지 않은 일을 헤아려본다. 우리 엄마, 아빠의 기억 속에 가장 행복한 시절은 언제일까? "너희들 키우면서 참 행복했다"라는 말이 거짓은 아니겠지만 엄마, 아빠도 엄마의 품 안에서 사랑받던 시절이 가장 행복하셨겠지. 지금 나는 아이 셋을 키우며 하루하루가 행복하고 감사하다. 하지만 훗날엔 엄마, 아빠의 따뜻한 품에서 어리광을 부리던 시절만 기억하게 될까?

연중무휴,
육아식당

　동현이가 여섯 살 때 다니던 미술학원에서 가족을 그린 적
이 있다. 아빠를 제일 크게 그렸고 엄마, 석현이 그리고 자기
를 그렸다. 엄마 배 속에는 곧 태어날 막냇동생도 그려 넣었
다. 동현이가 자기 그림을 소개하는 시간에 그만 "우리 엄마가
또 동생을 낳으러 병원에 간대요. 여자 동생이 생기는 건 좋은
데, 우리 엄마 병원 가면 내 밥은 누가 줘요?" 하고 엄청 울었
다고 한다. 선생님들은 너무 귀엽고 웃겨서 배꼽을 잡고 웃다
가 또 짠한 마음에 눈물도 흘렸단다.
　그래, 나는 밥순이다. 우리 애들은 내가 해준 밥을 남이 해

준 밥보다 훨씬 좋아하고 잘 먹는다. 메뉴가 달라서가 아니라 엄마가 해주는 밥에 익숙해져서겠지. 우리 집 세 아이는 엄마 표 음식을 먹을 때 가장 행복해한다. 결혼 전부터 나는 요리 를 좋아했다. 요리 프로그램과 맛집 코너를 많이 진행해서 어깨너머 배워둔 요리법도 많았고, 실험 정신이 투철해서 꼭 내 손으로 해보아야 직성이 풀렸다. 아이들을 키우며 많은 일정 을 다 소화하면서 계속 열심히 밥을 했다. 먹성 좋은 대식가 남편, 야금야금 남김없이 싹싹 잘 먹는 세 아이. 내 요리 솜씨 는 나날이 늘었다.

뭐든 반복이 중요하다. 물론 10대와 20대 시절이라면 이렇게 밥을 열심히 하는 나를 상상할 수도 없다. 그렇지만 현재 내 정체성은 '밥하는 엄마'가 가장 큰 부분을 차지한다. 육식동물로 태어난 아이들의 식성에 맞게 고기류는 끼니마다 꼭 있어야 한다. 동네에서는 아침 댓바람에 삼겹살 굽는 집이라고 소문나 있다. 좋아하는 과일이 제각각이라 냉장고에는 제철 과일과 이른 과일이 종류별로 대기 중이다. 남편과 아이들의 취향을 모조리 기억했다가 음식을 한다.

배달음식을 원래 좋아하지 않는 취향도 한몫했다. 특별한 가족 모임이 있는 날이 아니라면 외식하는 걸 즐기지 않는 편이다. 동네에서 가까이 지내는 한 엄마는 "나는 토, 일요일에는 휴무야. 주5일제 근무거든. 토, 일은 주방 영업 안 해. 집에서 먹고 싶으면 남편이 하든가, 외식하고 말아"라고 한다. 외식을 안 하니 알뜰한 사람이라고 생각하겠지만 오해다. 집에서 해 먹는 게 비용이 덜 드는 것은 아니다. 우리 집은 해마다 엥겔 지수 최고치 기록을 경신하고 있다. 자라나는 아이가 셋이니 식비와 교육비가 차지하는 비중이 엄청 크다.

언젠가 방송에서 갑작스러운 질문을 받은 적이 있다. "순유 씨는 아이 셋을 키우면서 체력을 어떻게 유지하세요?" 이런 질문에 나는 고민할 새도 없이 대답했다. "저는 냉동실의 한우 꽃등심과 냉장실의 갖가지 과일들로 건강을 챙기죠. 애들 자면 고기 구워 먹어요"라고. 하지만 이것도 모두 옛날 얘기다. 아무리 집에서 해 먹더라도 한우 꽃등심 배불리 먹던 시절은 다 갔다. 하지만 우리에겐 호주산 와규가 있지 않은가? 그것도 힘들 땐 돼지고기, 닭고기로 적당히 돌려막으면 된다.

나는 먹는 것에 대한 집착이 유독 강한 사람이다. 양적으로나 질적으로나 심지어 비주얼적으로도. 내가 먹는 것에 집착하다 보니 아이를 키우면서도 고스란히 반영될 수밖에. 모유 수유할 때는 항상 유축기와 냉장 박스를 들고 다녔다. 스태프들이 밥을 먹는 동안 조용한 휴게 공간을 찾아 유축을 했다. 고맙게도 그 시절의 스태프들은 나의 촬영 분량을 먼저 끝내 주면서 "빨리 가서 애들 젖 먹이세요" 하며 배려해줬다. 아이들이 큰 지금도 내 손으로 간식을 챙겨줘야 직성이 풀린다. 따뜻한 것을 먹여야 한다는 생각에 우리 집은 간식마저도 김치볶음밥이나 떡국, 만둣국 등의 식사 메뉴다.

내가 어릴 때 친정엄마는 새벽이면 수산물 시장에서 사 온 생선을 손질하고 계셨다. 조기 비늘을 벗겨내는 칼질 소리에 아침잠을 깼었다. 복날에 삼계탕을 하면 1인 1닭은 기본이었다. 심지어 키우던 개에게 먹일 영양식도 직접 시장에 가서 장어 머리나 닭 머리 등을 얻어 와 푹 고아 만들었던 엄마다. 이제 세 아이의 엄마가 된 나는 소풍날이면 김밥을 싼다. 소풍날 김밥 한두 줄 사서 보내면 편하겠지만 나는 무려 20줄 이상을 싼다. 시댁에도 갖다 드리고, 동네 엄마들과도 나눠 먹는다. 우리에게는 그런 추억이 있다. 어린 시절 소풍 가는 날 김밥 싸는 엄마 옆에서 꼬투리를 얻어먹던 기억. 나의 아이들에게도 그런 소소한 이야깃거리를 남겨주고 싶다. '소풍날 아침이면 김밥 싸는 엄마 옆에서 김밥 꼬투리를 야금야금 먹었었지. 마치 어미 새한테 먹이를 받아먹는 새처럼.' 아이들 마음속에 저장!

임신했을 때 가장 먹고 싶었던 건 엄마표 비빔밥이었다. 시금치, 고사리, 도라지, 애호박, 당근, 미나리, 취나물…. 온갖 나물을 다 넣고 참기름과 통깨로 고소함을 더한 비빔밥. 아! 반숙의 계란 프라이까지. 또 하나는 할머니가 부쳐주시는 호박 부침개였다. 특별한 간을 하지 않아도 호박의 달콤한 맛이 느껴지는 호박 부침개를 뜨거울 때 손으로 찢어 양념장에 찍어주셨던 그 맛은 내 어린 시절의 맛이기도 했다. 맛으로 기억되는 엄마이고 싶다. 엄마는 봄이 되면 봄동 겉절이를 했고, 할머니가 캐 오신 쑥으로 쑥국을 끓였다. 여름이면 항아리 가득 오이지를 담가 먹고, 냉장고에 넣어둔 시원한 미역냉국을 꺼냈다. 가을이면 밤을 삶아서 칼로 껍질을 벗겨주셨던 따뜻한 기억. 겨울이면 늙은 호박 꼬들꼬들 말려 호박떡 만들어 먹고, 동짓날 팥죽 쒀 새알심 띄워 먹었다. 나도 그런 엄마로 남고 싶다.

세월이 흘러 우리 아이들도 어른이 되면 봄동 겉절이를 먹으며 엄마 생각을 해주겠지. 손 아프게 삶은 밤 껍질을 까면서 '우리 엄마도 아팠겠구나'라고 느끼는 날도 오겠지. 내가 요즘 엄마를 떠올리는 것처럼. 그래, 오늘도 엄마는 밥하러 갈게!

부르면
눈물이 먼저 나는 이름,
이모할머니

생각하면 눈물부터 나는 사람이 있다. 그리워서도, 미안해서도, 볼 수 없어서도 아니고 그저 고마워서. 고맙다는 말을 수백, 수천 번 해도 다 표현할 수 없는 사람. 우리 아이들의 삶을 아름답게 만들어주셨고, 내 길을 스스로 찾아가는 동안 가장 든든한 조력자가 되어주신 분.

2008년 봄. 셋째 출산을 한 달 앞두고 처음으로 베이비시터를 알아보았다. 아이 둘을 키우면서 일하는 동안 가끔 친정엄마와 시어머니의 도움을 받으며 버틴 것도 장한 일이었다. 만삭의 몸으로 아침마다 서울에서 인천으로 출근했다. 퇴근해 돌아오면 집안 살림과 함께 여섯 살 된 큰아들, 20개월이 된 둘째 아들까지 돌봤다. 바로 옆에 시댁이 있고 멀지 않은 인천에 친정이 있지만 매번 도움을 청하기도 번거롭고 죄송했다. 무엇보다 동현이가 점점 자라면서 생활의 안정이 필요했다. 촬영이나 행사가 있는 날이면 유치원을 결석하고 친정이나 시댁에 아이를 맡기는 불규칙한 패턴으로 아이를 키울 수는 없었다.

남편과 상의 끝에 베이비시터를 모시기로 하고 셋째 아이 출산 후에도 계속 돌봐줄 분을 알아보기 시작했다. 주변에 소개를 부탁하고, 여러 인터넷 사이트에 들어가 사람을 구하기도 했다. 베이비시터 면접을 보니 여러 부류의 사람들이 있었다.

1) 지금 다니는 집이 있지만, 10만 원 더 챙겨주면 당장이라도 출근하겠다

   - 이런 사람은 우리보다 10만 원 더 주는 집으로 가실 수도 있으므로 패스했다.

2) 첫째, 둘째 아이는 안 보고 셋째 아이만 돌보겠다고 정확히 구분을 짓는다

- 내가 자로 잰 듯한 사람은 아닌지라 일단 보류했다.

3) 인상 좋고 사이클을 타고 올 만큼 건강하시지만 한글을
모른다

- 당시 여섯 살 동현이가 한창 동화책에 빠져 있던 시기라
솔직히 걱정됐다. 마침 그 자리에서 딸한테 전화할 일이
있다며 수첩에서 딸 이름을 찾아달라고 하셨다. 죄송하지
만 마음을 접었다.

결정을 못 한 채 하루 이틀이 지났다. 한 분을 더 만나기로
했다. 아직도 기억이 생생하다. 베이비시터로 면접을 보러 오
셨는데 파란색 제과점 봉투에 롤케이크를 담아 오셨다. 첫눈
에 센스 있는 분임을 알았다. 이전에 몇 살짜리 아이를 돌보셨
고 왜 그만두셨는지 묻지 않았다. 그저 서로 살아온 이야기보
따리를 몇 시간 동안 풀어냈다. 특별하지 않은 얘기들이었지
만 '바로 이분이구나!' 싶은 느낌이 왔다. 아니, 이분이 도와주
시면 좋겠다고 계속 생각했다.

그렇게 2008년 3월 3일, 우리는 또 하나의 가족이 되었다.
그분은 자신을 이모할머니로 불러달라고 하셨다. 마흔아홉밖
에 안 되셨는데 무슨 할머니냐고, 그냥 이모로 하자고 했지만

결국 원하는 대로 부르기로 했다.

사실 이모할머니와의 면접에서 살짝 고민되는 부분이 있었다. 집이 부평이란다. 인천 출신인 나로서는 반갑기도 했지만, 어떻게 매일 인천 부평에서 서울 목동까지 아기 돌보는 일로 출퇴근하실까, 힘드시지 않을까 하는 생각에 부담스러웠다. 마을버스를 타고 지하철을 타고 1시간 이상 걸리는 거리다. 이모할머니는 집이 인천이라서 일에 소홀하거나 지각하는 일은 절대로 없을 테니 걱정하지 말라고 자신하셨다. 돌이켜보면 2010년 9월 태풍 곤파스의 영향으로 경인선 철로가 유실되고 출근길이 온통 마비되었던 그날 하루를 빼고는 한 번도 늦게 오신 적이 없었다. 그날은 수원으로 출퇴근하는 남편도 점심시간이 지나서야 겨우 직장에 도착했다. 아이들 학교에서는 아침 일찍 임시 휴교령을 내린 터라 "오지 않으셔도 됩니다"라고 전화로 말씀드렸으나 소용없었다. 큰 나무들이 많다는 데서 유래한 이름 '목동'의 상징인 나무들이 바람에 쓰러지고 물에 잠겼다. 신호등도 고장이 나고 거리는 아비규환의 상황이었다. 평소 출근 시간보다 늦기는 했지만, 취업 준비생이던 이모할머니의 아들이 차로 모시고 왔다.

한번은 내가 감기 걸린 상태로 출근했는데 퇴근해 돌아오니 집에 아무도 없었다. 애들이 있으면 언제 쉬겠냐며 애들을 데리고 부평 집으로 퇴근하신 거다. 주말 동안 푹 쉬고 괜찮아지면 데리러 오라고. 애들은 그곳에서 이모할아버지랑 놀이터에 가고, 이모랑 삼촌이랑 맥도날드도 가고, 석현이가 가보고 싶다던 낚시터도 갔다. 마치 손주들이 놀러 온 것처럼 아이들을 사랑으로 돌봐주셨다.

이모할머니는 내가 일하러 나간 시간이면 비가 오나 눈이 오나 아이들의 모든 일정을 맞춰주셨다. 동현이는 걷게 하고, 석현이는 유모차에 태우고, 지현이는 포대기로 업고 다니셨다. 엄마라도 이렇게 세 아이를 돌보는 건 쉽지 않은데 말이다. 사실 이모할머니는 유능한 베이비시터였다. 나중에 알게 된 사실인데 동네 놀이터에서 "지금 받으시는 금액보다 훨씬 더 드릴 테니 우리 집으로 와주세요"라는 말을 여러 번 들으셨단다. 하지만 한 번도 흔들림이 없었다. 오히려 나에게 "그 엄마 조심해"라고 조언해주셨다.

2012년 어느 가을날, 이모할머니는 지현이랑 나뭇잎을 주우러 동네 공원에 다녀오겠다고 하셨다. 지현이는 이모할머니의 자전거 뒤에 타 조금 먼 동네에 있는 큰 근린공원에 가는 걸 좋아했다. 자전거 뒤에 유아용 의자를 달아 지현이를 태우고 동네 어디든 다니셨다. 두 시간쯤 지났을까. 지현이는 나뭇잎을 한가득 가지고 들어왔다. 거실에서 소꿉놀이하는 지현이를 보며 이모할머니가 어렵게 얘기를 꺼냈다. "내가 지현이랑 보내는 마지막 가을이 될 거 같아서 더 부지런히 데리고 다니려고요." 무슨 말씀을 하시는지 의아해하다가 나중엔 걱정이 되었다. 혹시 큰 병이 나셨나. 더 멀리 이사라도 가시나. 무슨 일로 그러시는지 긴장하며 다음 말을 들었다. "우리 딸 임신했어요. 내년 여름엔 우리 손주 봐줘야 해서…"라고 말씀하셨다. 누구보다도 내가 제일 축하해줘야 할 일이다. 이모할머니의 딸은 내가 정말로 예뻐하며 친동생으로 여겼다. 나는 정말 축하한다고 호들갑을 떨었지만, 이모할머니는 울고 계셨다. 그리고 잠시 후 나도 같이 엉엉 울었다. 지난 몇 년간 우리 아이들을 진심으로 돌봐주셨던 그분의 마음을 느낄 수 있었다. 그런데 간사하게도 나는 곧 걱정이 밀려왔다. 이제 어떻게 살아야 하나. 해가 바뀌고도 한참이 지나야 벌어질 일인데 마지막으로 보낼 가을을, 마지막으로 보낼 겨울을…. 그렇게 하루하루를 특별한 날로 여기며 살았다. 예정된 날이 되었다. 2013년 7월 10일. "애들아, 할머니 또 올게요." 마지막 인사와 함께 퇴근하셨다.

주변에서는 내가 무척 특별한 경우였다고 한다. 나도 안다. 키우는 방식이 맞지 않거나 아이들하고 맞지 않아서 오래 못 가 새로운 베이비시터를 알아보는 집이 허다하다. 이렇게 마음 맞는 고마운 분과 5년을 보냈다니 믿기지 않는단다. 그 시절에나 지금이나 나 역시 그렇게 생각한다. 요즘 딸 가진 엄마들이 "우리 딸 좋은 남자 만나게 해주세요" 다음으로 "좋은 베이비시터 만나게 해주세요"라는 기도를 한다는데, 우리 엄마는 어디서 기도를 하셨던 걸까? 이모할머니와는 지금도 애틋한 사이로 지낸다. 자주 볼 수는 없지만, 목소리만 들어도 눈물 나는 사이. 부둥켜안고 1박 2일을 얘기해도 늘 시간이 모자란 사이로. 지금의 내가 있기까지, 지금의 우리 가족이 있기까지 그분의 공을 생각한다면 평생을 모셔야 할 또 한 분의 엄마다. 진심으로 고마워요.

취하니까
얼마나 좋아요?

어떤 사람은 술이 달다 하고, 또 어떤 사람은 술이 쓰다 한
다. 같은 사람이라도 어떤 날의 술은 달게 느껴지고, 또 어떤
날은 입에서 목구멍으로 넘어가기까지 삼만 리는 되는 것처럼
쓰디쓰다. 술은 술병에 적힌 도수와는 무관하게 술자리의 분
위기, 함께하는 사람, 그날의 기분에 따라 도수가 달라진다.

어느새 나는 술도 담그는 여자가 되었다. 내 손으로 오미
자청을 만들어 먹은 지 올해로 벌써 5년째. 작년 9월에 담갔던
오미자 원액에서 열매를 건져내며 아직도 선명한 빨간색이 아
까워서, 못 먹는 셈 치고 30도짜리 담금주를 부었다. 단맛, 신

맛, 쓴맛, 짠맛, 매운맛, 이 다섯 가지를 고루 갖추었다고 해서 오미자(伍味子)라고 한다지만, 오미자 원액에서는 느낄 수 없는 오묘한 맛들이 그 녀석에는 더해져 있다. 달곰쌉쌀하다는 말만으로는 형용할 수 없는 맛.

올해도 어김없이 경북 문경의 오미자 농장에서 20kg을 주문하고 설탕과 적당히 배합해서 오미자청을 담갔다. 말이 20kg이지, 소쿠리에 담아 송이송이 씻어내고 쭉정이를 골라내는 작업은 지겨운 단순노동이다. 1:1 비율을 맞추려면 설탕도 20kg을 섞어야 하므로 오미자청을 담그면 무언가 대단한 일이라도 하는 듯한 착각에 빠진다. 스스로 대단한 살림꾼이라도 된 것처럼 어깨가 으쓱해진다. 1년 내내 음료수를 대신해 언제든 시원한 오미자차를 맛볼 수 있다면 이 정도 수고는 선선히 감수하는 나는 주부 경력 17년 차 아. 줌. 마.

나도 내 손으로 술을 담그게 될 줄은 몰랐다. 누가 시킨 것도 아니고, 해야만 하는 일도 아니었지만. 정성스레 무언가를 담근다는 건 설레는 일이다. 술이 제맛을 내기까지는 정성과 시간이 필요하다. 그 술을 함께 마실 사람들을 머릿속에 하나둘 그려본다.

친정엄마는 지금도 인삼주, 포도주, 매실주 등을 담그며 결혼한 세 딸의 가족들이 한자리에 모여 밤새 한 잔 두 잔 술독을 비워가는 그 시간을 기대하신다. 마시려고 담그는 술, 마셔버려서 또 장만해야 하는 술은 이렇게 돌고 도는 관계 같다. 만들어놓았으니 마시고, 다 마셨으니 또 만들게 된다는 아이러니한 현실이 꼭 '시시포스의 신화'에 나오는 시시포스 같다. 우리 가족에게 술 담그는 일은 즐거운 고행이다. 나, 집에서 술도 담그는 여자야.

동네 아줌마,
학교에 가다

　나는 지금도 생방송을 앞두고 심장이 떨린다. 관객들은 공연이 시작되기 30분 전부터 공연장에 들어올 수 있다. 시작하기 5분 전이면 주의 사항에 대한 안내 멘트가 나오고, 정시에 알림 종이 울린다. 그러는 동안 무대 뒤의 나는 두근거림이 밀려온다. 떨린다. 다들 "에이~ 무슨 소리야, 한두 번 서는 무대도 아니고"라고 하지만 나는 떨지 않고 오프닝을 해본 적이 한 번도 없다. 그 떨림은 두려움이 아니라 오늘도 이 일을 할 수 있어서 고맙고, 오늘은 어떤 분위기로 이어질까 하는 기대와 설렘의 행복한 떨림이다.

이런 떨림이 두려움과 함께 찾아올 때도 종종 있다. 바로 아이들 앞에 서는 일. 그것도 우리 애들이 다니는 학교에서 아이들 앞에 서야 하는 날이면 방송을 처음 시작하던 때처럼 '잘할 수 있을까? 반응 없으면 어쩌지? 안 한다고 할 걸 그랬나?' 하는 두려움이 함께 찾아온다. 아이들이 셋이다 보니 본의 아니게 진로체험학습으로 학교에서 부탁받는 일이 종종 있다. 물론 자발적으로 할 수도 있지만 먼저 나서게 되진 않는다. 얼굴만 보면 다 아는 유명한 방송 진행자도 아니거니와, 지금은 TV보다는 라디오와 공연 위주로 활동하다 보니 초등학생 아이들에게 '듣보잡'일 수도 있겠다는 생각이 들어서다. 정확히 말하자면 나는 주제 파악을 잘하기 때문이다.

큰아이가 초등학교 3학년 때부터 진로체험 재능기부를 해왔지만 몇 해가 지나면서 더 민망해졌다. 동네 놀이터에서 매일 만나는 아줌마가 갑자기 차려입고 나타나서는 아이들에게 '내가 방송인이다!'라고 하는 것도 어색한 일이다. 그래서 한 해는 다른 방법을 생각해냈다. 다른 엄마들의 직업을 동영상으로 찍어서 내가 소개하는 방식으로 꾸며보는 것이다. 같은 학년 엄마 중에 내가 아는 사람만 해도 승무원, 수간호사, 노래교실 강사, 피아니스트 등 소개할 만한 직업들에 종사하는

데 해마다 굳이 나만 할 이유는 없었다. 다른 엄마들의 다양한 직업을 소개하면서 자연스럽게 내 직업인 MC가 하는 일, 방송 진행도 보여줄 수 있겠다 싶었는데 결과적으로는 실패였다. 왜냐? 제안을 받은 엄마들은 자기 직업이 특별하지 않다는 이유로 또는 창피하다는 이유로 거절했다. 나 역시도 학부모가 학교에 등장해서 아이들의 이목을 끄는 일을 별로 좋아하지 않는다. 하지만 누군가는 해야 할 일이라면 더 많은 사람이 동참하면 좋겠다고 생각했다. 그렇게 내 계획은 수포로 돌아갔지만 포기하지 않고 에필로그만큼은 원하는 대로 장식했다. 엄마들의 음성으로 아이들에게 보내는 편지를 준비한 것이다. 진로체험 수업의 마지막 즈음, 엄마들의 음성 편지를 아이들에게 들려주었다.

"너희 엄마 목소리다!"

"누구지? 많이 들어봤는데….."

"우리 엄만가?"

아이들은 정말 신기해했다. 편지의 내용보다는 엄마들이 참여한 데에 더 의미를 두었다. 다른 엄마들이 이 장면을 보았더라면 내 제안에 OK! 하지 않은 걸 분명 후회했을 것이다. 하지만 다음 해에도 두 번째 제안은 하지 못했다. 한 해라도 빨리 다른 학부모가 나서주기를 애타게 바라지만, 막내가 졸업하려면 아직 3년은 더 해야 할지도 모르겠다. 제발 그 안에 꼭 내 계획대로 엄마들의 다양한 직업을 소개할 수 있길 바란다.

아! 갑자기 생각났다. 어렵게 번호를 알아내어 동네에서 만나 30분을 붙들고 부탁했는데, 처음엔 '내가 무슨 말을 해' '나 이런 거 못 해요'라고 거절했던 엄마들이 밤에 녹음하며 펑펑 울었다고 한다. 그동안 애들에게 전하지 못했던 말들을 꺼내면서 심장이 떨렸다고. 그 떨림은 목소리에 고스란히 담겼다. "나보다 키도 커지고 목소리도 변해가고 있지만, 엄마는 아직도 네가 아기 같아. 지금처럼 건강하게 자라줘. 탈 없이 즐겁게 6학년까지 올라와 줘서 고맙다." 끝으로 갈수록 엄마들의 목소리는 더 떨렸다. 아이들이 잠들기 직전까지 구박하고 재웠지만, 건강하게 자라주어서 참 고맙다는 말에 진심이 담겨 있었다. 나에게도 고맙다는 인사를 잊지 않았다. 민망했지만 정말 눈물이 났다고. 고맙다고.

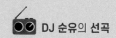

엄마 아빠의
애창곡

내 엄마, 아빠에게도 애창곡이 있었겠죠?
그때는 귀에 들어오지 않았던 가사가
이제는 마음으로 들어옵니다. 인생이란 남의 일로만
여겼던 것들이 내 일이 되어가는 거라네요.

♬ 말로 - 빨간 구두 아가씨 (작사/하중희, 작곡/김인배, 원곡/남일해)

♬ 이용 - 잊혀진 계절 (작사/박건호, 작곡/이범희)

♬ 이광조, 전준한 - 엄마 (작사,작곡/박호명)

♬ 민채 - 섬집 아기 (작사/한인현, 작곡/이흥렬)

♬ 권진원 - 살다보면 (작사/유기환, 작곡/권진원)

4장

내가 배워야 할
모든 것은
학교에서 배웠다

당신의 싸가지는
안녕하십니까?

언제부터였는지 정확히 기억나지는 않지만 "당신의 좌우
명은 무엇인가요?"라는 질문을 받으면 나는 이렇게 대답한다.
"될 년은 된다. 나는 될 년이다." 고등학교 때 정치경제 과목
을 가르치던 선생님이 어느 날 이런 말씀을 하셨다. "결국은
싸가지 순서대로 잘될 거야. 내가 한두 해 가르쳐보냐? 수능
점수가 아무리 잘 나와도 나중에 두고 봐라. 싸가지 없는 놈들
은 마음처럼 잘 안 돼요."

싸가지는 '싹수'라는 말의 강원도, 전라도 방언이라 한다.
싹수는 어린잎, 줄기를 가리킨다. 보통 싹수가 있다. 싹수가

없다, 싹수가 노랗다 등으로 표현하는데 싸가지가 없다는 말은 느낌 그대로 부정적인 의미다. 가능성이 없다는 뜻으로 이해하면 된다. 나이가 들어 생각해보니 그 말은 인성이나 태도 등을 의미하기도 한다.

그때는 선생님의 악담이라고 생각했다. 선생님들은 어떻게 아이들이 싸가지가 있는지 없는지 평가한단 말인가. 내가 싸가지가 있는지 없는지 어떻게 객관적으로 알 수 있는가. 수능을 앞둔 고3 수험생에게 싸가지 순서대로 잘될 거라니. 인정하고 싶지 않았지만 속으로는 나도 모르게 '나는 싸가지 있는 여고생'이라고 주문을 걸고 있었다. 놀랍게도 선생님의 말씀은 틀리지 않았다. 그걸 확인하기까지는 수십 년이 걸렸다. 내 인생의 순간순간에, 또 타인의 인생을 지켜보면서 싸가지의 중요성을 뼈저리게 느끼곤 했다. 어떤 이들은 싸가지가 없다는 말을 '4가지가 없다'라고 해석한다. 인간이 갖추어야 할 4가지라며 인, 의, 예, 지와 같은 인간 됨됨이를 덧붙였다.

내 나이 마흔하나. 누군가 앓는 소리만 하면 속도 없이 다 퍼주지만 결국 받는 이들의 싸가지 장착 수준에 따라 거름이 되기도, 똥이 되기도 한다. 한 번쯤 생각해보시길. "당신의 싸가지는 안녕하신가요?" 비록 정치경제 수업에서 배운 내용은 기억 못 하지만 세상을 살아가는 데 가장 기본이 되는 준비물을 알았으니 얼마나 감사한 일인가. 난 아직도 생각한다. "나는 싸가지가 있는, 될 년이다!"

빈칸을 채워라!
0.00000001%의
확률

고등학교 2학년 때 담임 선생님은 학교 전체에서 인기 스타였다. 한 번이라도 배운 학생들뿐만 아니라 배워본 적 없는 학생들, 심지어 다른 학교 학생들도 편지를 써 보낼 만큼. 보통은 다른 반 아이들이 아무리 좋다 해도 담임인 학급에서는 안티가 나오기 마련이다. 그런데 그 선생님은 해마다 반 학생들에게도 인기가 넘쳤다. 우리 반도 예외는 아니었다. 학급 회장은 마치 팬클럽 회장과 같았고, 우리는 팬클럽 회원이나 다름없었다.

어느 날 종례 시간에 있었던 일이다. 수학 시험 OMR 카드를 들고 오셔서는 주관식에 빈칸이 있는 아이들을 모두 일으켜 세우셨다. "이렇게 답안을 비워놓으면 확률이 어떻게 되냐? 빈칸이 정답이 될 확률이 얼마냐고?"라고 소리치셨다. 우리는 한 시간 가까이 아무 말 못 하고 조용히 듣기만 했다. 주관식 답안을 아예 적지 못한 것이 그렇게도 화내실 일이었을까? 선생님은 그런 일이 있었는지조차 전혀 기억 못 하실지 모른다. 하지만 이제 시험을 보지 않는 나이가 된 지금에도 나는 또렷이 기억한다. 살면서 그 어떤 일도 내가 아무런 시도를 하지 않는다면 이뤄낼 수 없다는 사실을 깨달은 날. 인생의 답안지가 빈칸인 채로 평생을 산다면? 당연히 어떤 일도 일어나지 않겠지.

동네 마트 오픈 행사에서 라면 한 상자를 받은 사람은 운이 좋다고? 응모권을 냈으니까 그런 행운도 얻는 거다. 1,000:1로 뽑힌 신입사원이 운이 좋다고? 다른 999명에게는 미안한 얘기지만, 지원하지 않았다면 그 1,000명 안에 들어 있을 수 없었다. 1,000:1 아니라 10:1이었어도 뽑힐 수 없었다. 손 안 대고 코 푼다는 말이 있지만 그래도 '흥!'은 했겠지. 손도 안 대고 '흥!'도 안 하고 어떻게 코를 푸나. 아무리 무모한 도전인 듯해도 0.00000001%의 가능성은 확률 제로와는 다르다.

공짜 표 달라는
친구는
되지 말자!

MC라는 직업 특성상 연주자들의 공연을 무대 가장 가까이서 볼 수 있는 특혜가 주어진다. 때로는 인연이 있는 예술인들에게서 공연 초대를 받는 일도 적지 않다. 감사할 따름이다. 그런데 내가 먼저 보고 싶다면 어떻게 할까? 주변에서는 초대권 받아서 가겠거니 하고 넘겨짚지만 나는 열여덟 살에 이 교육을 제대로 받았다.

당시 내 담임 선생님은 국어, 문학을 가르치셨다. 그 시절에 《한국의 대표설화》라는 책을 쓰셨는데, 매일 보는 학교 선생님이 책의 저자라니 신기하고 놀라웠다. 우리는 당연히 책을 나눠주시겠구나 기대했지만, 선생님은 "책을 사 오면 사인은 해줄게"라고 하셨다. 한편으론 실망스러웠다. 학생들에게까지 책을 사 오라고 하시다니. 학생들이 선생님의 책을 샀을까? 아무도 안 산 건 아닐까? 우리 학교 학생들은 그 책을 정말 많이 샀다. 사인을 받기 위해 쉬는 시간마다 교무실로 찾아가는 줄이 끊이지 않았다. 나도 사인 받으러 가서 선생님의 따뜻한 이야기를 들을 수 있었다. "이다음에 너희들 중에 책을 쓰는 친구도 나올 거고 연극을 하거나 콘서트를 하는 친구들도 나올 텐데 절대로 연락해서 책 달라, 티켓 달라고 부탁하는 친구는 되지 마라. 꼭 제일 먼저 책 사 들고 가서 사인받는 멋진 친구가 되어야지?"

나는 학교에서 참 많은 걸 배웠다. 공교육이 무너졌다고, 학교 교육에서 배울 것 없다고 하지만 절대 그렇지 않다. 학교는 시험에 나오는 것들만 배우는 곳이 아니다. 알게 모르게 이런저런 인생철학을 학교에서 많이 배웠다. 국어 선생님이 쓰신《한국의 대표설화》안에 나온 이야기들은 이제 기억도 안 난다. 다만 민폐 끼치는 사람이 되지 않으려고, 보고 싶은 공연은 꼭 내 돈 주고 예매한다. 지인이 쓴 책은 내 돈 주고 구매해 읽는다. 절대 공짜로 얻으려 하지 않는다. 지인 할인 제도는 대환영이다.

책가방보다
무거워도
포기할 수 없었던
도시락 가방

고등학교 시절, 체구도 작았던 나는 책가방보다 더 큰 종이 가방을 들고 다녔다. 대학생이었던 언니들이 옷을 사고 담아 온 조이너스, 꼼빠니아 등의 커다란 종이 가방. 그게 내 도시락 가방이었다. 아침부터 저녁까지 하루를 책임질 식량이 그 안에 담겼다. 점심과 저녁은 기본이고 집에서 튀긴 치킨, 간식용 김밥, 엄마표 약식, 방울토마토와 계절별 과일이 항상 들어 있었다. 토마토까지 갈아 물통에 넣고 나면 종이 가방이 꽉 찼다. 학교에 도착해서 한 통씩 해치우는 게 내 일이었다. 고등학교 시절 방송반 활동을 하면 점심시간에도 느긋하게 앉아 밥을 먹지 못하고 방송실로 뛰어가야 했다. 남들 밥 먹는 시간에 방송해야 하기 때문이다. 쉬는 시간에 먹거나 점심시간 종이 땡! 울리자마자 빨리 먹어야 하는데, 나는 오랫동안 많이 먹을 순 있어도 빨리 먹진 못한다. 그런 막내딸에게 어떻게든 하나라도 더 먹이려는 엄마의 과한 배려 덕에 야간 자율학습 시간마다 배은망덕하게도 졸음이 쏟아졌다.

그렇게 3년을 커다란 종이 가방에 도시락 두 개와 온갖 간식을 싸주신 엄마. 그때 엄마는 다 알고 계셨다. 그중 상당 부분을 친구들이 먹는다는 걸. 하지만 단 한 번도 아까워하거나 속상해하지 않으셨다. "친구들이랑 같이 먹어라" 하며 더 많이 챙겨주셨다. 야간 자율학습이 시작되고 감독 선생님이 한 바퀴 휙 돌고 가시면 문과반 친구들도 이과반인 나에게 슬금슬금 찾아왔다. "황아, 먹을 거 좀 없어? 꺼내 먹자!" 하면서.

2년 전, 작은 교통사고로 병원에 입원한 적이 있다. 병실 안에서는 고등학교 시절이 재현되었다. 엄마는 삼시 세끼 병원 밥이 나오는데도 아침이면 인삼 우유를 갈아 오시고, 오전에는 떡, 오후에는 과일이랑 햄버거, 틈틈이 삼계죽까지. 한번은 멍게를 얼마나 많이 사 오셨는지, 같은 병실을 쓰는 사람들과 청소 아주머니까지 호강했다. 덕분에 나는 행복한 사육을

당했다. 교통사고로 입원 중인 사실만 빼면 어린 시절로 돌아
간 것처럼 행복한 나날이었다.

아빠, 고마워요!
술 취하지 않는
유전자를 주셔서

　고3 때였다. 수능일을 100일 앞두고 백일주를 준비한 후
배들이 고3 선배들을 불렀다. 우선 방송실에 갔다. 방송실은
교무실 바로 옆에 있어서 언제든 선생님들이 불쑥 들어오셨기
때문에 불안불안했다. 한 잔 마셨다. 막걸리였다. 크흐~ 차갑
다. 나는 학생회 활동도 같이하고 있어서 학생회실에도 가야
했다. 학생회실은 지하. 어두운 빈 교실이었다. 레몬 소주와 체
리 소주를 준비한 후배들은 종이컵에 한 잔 두 잔 부어주었다.
언니들 시험 잘 보라는 진심을 담아서. 기분이 좋았다. 그리고
고3 수험생답게 다시 교실로 가 자율학습을 했다.

그날은 토요일이었는데 다른 동아리에서 백일주를 마셨다는 소문이 돌았나 보다. 자율학습 감독을 하시던 선생님께서 교실마다 다니며 "야! 백일주 마신 애들 다 나와! 이 여름에 제정신이냐? 더위에 술 마시고 쓰러지면 수능이고 뭐고 다 끝나는 거야!"라며 야단을 치다가 "순유, 너는 어디서 마셨어? 방송부? 학생회?" 물으셨다. "둘 다요." 나는 조용히 대답했다. "뭐라고? 너 괜찮아? 멀쩡해? 뭐 마셨는데?" "방송부에서는 막걸리, 학생회에서는 체리 소주랑 레몬 소주…." 선생님께서는 정말 걱정스러운 얼굴로 말씀하셨다. "어떡하냐? 가방 싸서 집에 가라. 너 여기서 쓰러지면 큰일 난다. 빨리 가서 자." 하지만 조금만 더 있으면 봉고차 타고 집에 갈 수 있는데 굳이 토요일 오후 만원 버스를 한 시간이나 타고 싶진 않았다. 괜찮다고, 조금 더 있다 가겠다고 버티며 그냥 자율학습을 했다. 지금 생각해보니 혼나도 마땅한 판국에 참 뻔뻔한 학생이었다. 그렇게 나는 하나도 취하지 않은 채 꿋꿋하게 자율학습을 마쳤다.

대학에 들어간 이후 자연스럽게 술의 세계로 빠져들었다. 당시 유행했던 온갖 과일 소주에 푹 빠졌다. 레몬 소주, 체리 소주를 비롯해 수박 통에 소주를 부어주는 수박 소주, 목욕탕

오이 비누 냄새가 나는 오이 소주, 조금 고급스러운 향이 나는 살구 소주까지. 온갖 칵테일 소주를 마셔댔다.

내가 어른이 되고 나서 아빠가 흐뭇하게 말씀하셨다. "너 밖에 나가서 주량이 약한 편은 아니지? 그래, 우리가 술이 약하지는 않을 거다." 한 번도 누구한테 업혀 들어오거나 집에 와서 해롱대지 않는 딸들을 보며 아빠는 알코올에 강한 유전자를 물려주신 것을 흐뭇해하셨다. 지금도 나에게 누군가가 "주량이 얼마나 돼요?"라고 물으면 대답을 못 한다. 나도 나를 알 수 없으므로.

정년퇴직하고도
제자들 챙기라고
나라에서
연금 주는 겁니다

학교는 참 이중적인 곳이다. 황순유라는 이름으로 내가
학교에 다닐 때는 잘잘못에 상관없이 떳떳했다. 하지만 엄마
가 되어 첫아이를 초등학교 입학시키고 나니 모든 게 조심스
러웠다. 그 마음을 아직도 잊을 수 없다. 학교라는 곳은 아이
가 잘하든 못하든 부모의 마음을 긴장하게 만든다. 선생님의
진심을 있는 그대로 받아들이지 못하는 건 다 부족한 엄마 탓
일지도 모른다.

큰아들 동현이의 초등학교 1학년 때 담임 선생님께서 6년
만에 중학교 입학을 앞둔 제자들을 부르셨다. 선생님은 동현

이의 1학년 담임을 마친 다음 다른 학교로 전근을 가셨고, 곧 정년퇴직을 하셨다. 헤어진 지 꽤 오래된 선생님이 부르시니 아이들은 갈까 말까 망설이다 열 명이 모여 선생님을 찾아갔다. 선생님은 고급 뷔페에서 맛있는 점심을 사주셨다. 노래방도 데려가고, 아이들에게 힘이 될 만한 얘기도 하셨다. 힘들 때면 언제든 찾아오라는 말씀에다 멋진 멘토가 될 훌륭한 선배를 소개해주겠다는 약속까지.

재밌게 놀고 온 아이들은 "엄마, 나 다음에도 또 선생님 만나러 갈 거야"라고 말했다. 그날 밤 엄마들은 단톡방에서 "선생님이 돈을 너무 많이 쓰신 것 아니야? 너무 죄송한데…"라며 걱정스러운 얘기를 나눴다. 그러던 중 선생님으로부터 단체 문자가 왔다. "아무 부담 갖지 마시고 언제든 아이들 보내주세요. 퇴직 후에도 제자들 챙기라고 나라에서 연금 주는 겁니다"라고. 인생의 첫 학교 선생님이 이렇게 따뜻한 마음을 지닌 분인 것은 동현이의 복이다. 좋은 선생님과의 인연은 한 아이의 인생에 큰 영향을 미친다. 학창 시절 나를 지지하고 믿어주는 단 한 사람과 만날 수 있다면 그것만으로 족하다. 진심으로 훈훈한 밤이었다.

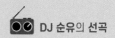

학창 시절이 그리운 날
듣는 노래

"내가 배워야 할 것은 학교에서 배웠다." 교복을 입고,
귀 밑 3cm 몽실이 단발머리를 하고 다녔던 학창 시절을
기억하시나요? 기억의 깔때기는 좋지 않은 기억을 모두
걸러내고 그저 아름답고 웃음 나는 기억만 남겨놓았습니다.
다시 돌아가고 싶은 그 시절을 추억해보세요.

♬ 015B - 수필과 자동차 (작사,작곡/정석원)

♬ 이승환 - 세상에 뿌려진 사랑만큼 (작사,작곡/오태호)

♬ 룰라 - 100일째 만남 (작사/강은경, 작곡/박근태)

♬ 여행스케치 - 국민학교 동창회 가던 날 (작사,작곡/조병석)

♬ 서태지와 아이들 - 하여가 (작사,작곡/서태지)

5장

크게
라디오를
켜고

촌스럽게
아직도
라디오를
듣는다고?

라디오 DJ에게 보낼 편지를 쓰느라 밤을 새워본 적이 있는가? 라디오에 보내는 사연에는 친구들이나 부모님께 하지 못하는 이야기가 담겼다. 내 청춘의 대부분은 「별밤(별이 빛나는 밤에)」이었다. 이문세 아저씨의 목소리로 시작되는 「별밤」을 들으면서 하루를 마무리했다. 1985년부터 1996년까지 별밤지기는 이문세였다. 그래서일까? '별밤＝이문세'로 기억된다. 「별밤」에는 다양한 코너가 있었다. 국악이 10분씩 흘러나오기도 하고, 청소년 상담과 영어 학습 코너도 있었다. 일 년에 한 번 열리는 별밤 잼 콘서트는 보물 같은 행사였다. 가수들이 따로 시간 내서 악기 하나씩 다루면서 연주하고 노래했던 별밤 잼 콘서트. 1993년에 있었던 제5회 별밤 잼 콘서트가 기억난다. 이문세, 김건모, 이상은, 김민기, 장기호, 심지어 객원 싱어로 이승환까지. 나는 잼 콘서트 공개방송을 모두 녹음해두곤 했다. 멋진 공연이었다.

「응답하라 1988」드라마로 라디오에 대한 추억이 방울방울 떠오른다. 이제는 라디오 DJ에게 보낼 사연을 적기 위해 엽서를 사는 일은 거의 없다. 빌보드 팝 순위가 적힌 주간지 받으려고 줄을 섰다면 지금 아이들이 믿을까? 아날로그의 사회는 불편함 속에서 내 몸으로 진짜 음악을 느끼는 시간이었다. 음원을 스트리밍해 듣는 것과는 차원이 다른 경험이었다. 라디오 세대인 내가 라디오를 진행하는 DJ가 된 것은 운명처럼 예정된 일이었을까?

내가 처음 라디오를 진행한 건 2003년이었다. 초등학생들을 대상으로 하는 EBS 프로그램이었는데, 그 시절 내 애칭은 '방글이 언니'였다. 지금 와서 고백하지만, 그때도 나는 아줌마였다. 큰애 동현이를 출산하고 6개월이 된 즈음이라 방글이 언니보다 동현이 엄마가 익숙해질 시기였다. 2005년 '황순유의 음악이 있는 아침'이라는 이름으로 첫 라디오 음악 프로그램을 진행했다.

　문화적 충격이 컸다. 학창 시절 내내 라디오를 끼고 살았던 내가 간직한 라디오라는 매체의 잔상은 꽤 진하다. 그런데 이제는 편지나 엽서로 사연을 보내는 청취자는 극히 드물고, 대부분 실시간 문자로 사연을 보낸다. 이미 TV 방송을 경험한 터라, 열악한 라디오 제작 시스템에 더더욱 놀랐다. TV는 한 프로그램을 스태프 수십 명이 요일별로 제작한다. 반면 라디오는 스태프 두세 명이 모든 요일의 프로그램을 제작한다. 진행에 대한 급여 역시 라디오는 턱없이 적었다. 시설과 장비도 TV의 화려함은 찾아볼 수가 없다. 아날로그적인 방송이 갖는 묘미는 있지만 이게 라디오라는 매체의 한계일 수도 있다. 10년이 지나도 똑같은 자리에서 어려운 상황에 여전히 발버둥 치고 있다.

　요즘은 라디오를 듣는 젊은 층의 비중이 정말 낮다. 마음만 먹으면 누구나 팟캐스트 방송을 할 수 있는 시대다. 1인 방송, 1인 미디어로 라디오의 영역이 확장되고 있다. 굳이 고리타분하게 방송용어, 표준어를 따지지 않아도 아무 문제 없다. 상표를 말했다는 이유로 정장을 차려입고 방송심의위원회에 갈 일도 없다. 요즘 젊은이들에게는 공중파라는 타이틀보다 자신이 선호하는 제작 스타일이 더 중요하다.

"창밖의 별들도 외로워 노래 부르는 밤. 사랑스런 그대와 얘기 나누고 싶어요. 이문세의 별이 빛나는 밤에~" 이 로고송을 기억하는가? 그때는 '사랑스러운 그대와 얘길 나누고 싶어'서 라디오를 켰다. 소곤소곤 우리들의 마음을 나누는 라디오라는 매체가 있어서 하루하루가 설레었다. 기다림이 있는 시간은 외롭지 않았다. 안타깝게도 그때를 기억하는 40~50대의 삶은 찌들어 있다. 젊은 세대는 굳이 생방송으로 라디오를 챙겨 듣지 않는다. 다시 듣기나 팟캐스트를 통해서 듣고 싶은 부분만 골라 들을 수 있다. 심지어 2배속으로 빠르게 들을 수도 있다. 어린아이들은 라디오가 뭔지나 알까? 라디오나 레코드, CD 플레이어가 없는 집이 많다. 카세트테이프는 추억의 박물관에서나 볼 수 있는 고물이 되어버린 지 오래다. 엄마 아빠 차를 타고 이동하는 동안 잠깐씩 들었던 「컬투쇼」가 라디오의 전부인 아이들이 대부분이다. 그런데 지금 라디오를 듣는 사람이 있느냐고 묻는다면? 아직도 라디오 DJ가 직업으로서 존재하는가 묻는다면? Yes!

세상에는 다양한 사람들이 존재한다. 의외로 라디오에 빠진 사람들이 많다. 듣고 싶은 노래가 있으면 얼마든지 손쉽게 음원 사이트에서 스트리밍으로 들을 수 있는 세상에 살면서, 굳이 유료 문자 메시지로 신청곡 보내 노래를 틀어달라고 한다. 그리고 다시 노래를 들려주어서 고맙다는 인사를 문자로 보낸다. 설마 이런 사람들이 있다고? 듣는 사람들이 있기에 방송이 존재한다. 시계의 알람처럼 프로그램의 시그널 음악이 들려오면 '이 코너가 시작되었구나!' '지금이 몇 시구나!' 'ㅇㅇ 게스트가 나오는 걸 보면 무슨 요일이구나!'라고 생각하는 사람들이 있다.

라디오를 사랑하는 사람들이 존재하는 건 아직 세상이 따뜻하고 살 만하다는 증거다. 누군가의 이야기에 울고 웃는다. 세상 사는 이야기가 거기서 거기라고 말할지 모르나 모든 사람의 사연에는 각자의 인생이 담겨 있다. 그래서 소중하다. 노래 신청에도 각각의 이유가 있다. 그래서 사연과 함께 노래를 신청하는 것이다. 언젠가 음식물 냄새를 맡을 수 있는 라디오가 대중화되고, 보이는 라디오에서 나아가 서로 볼 수 있는 라디오 시대를 꿈꾸다가 마음을 접는다. 그건 아니다. 라디오는 내 기억 속의 장면처럼 그저 사람의 목소리만으로 상상하는 일이다. 좋은 음악 들으면서 일기를 쓰고 싶어지는 아날로그적인 감성은 오래오래 간직되어야 한다. 라디오는 내게 그런 소박한 친구다.

절대로 그런 일이
일어나지
않을 거란 말은
절대로 하지 마라!

몇 해 전, 시각장애인 M을 인터뷰할 일이 있었다. 몇 마디 시작하자 그분은 "옛날에 내가 아침마다 듣던 라디오 프로그램이 있었어요. 거기에 황순유라는 사람 목소리랑 너무 똑같네"라고 말했다. 너무나도 반가웠다. "저 맞아요! 제가 황순유예요!" M은 아침마다 문자로 신청곡과 사연을 남겨서 선물 받았던 얘기, 콘서트 티켓 당첨돼서 심수봉 콘서트 다녀왔다는 얘기를 들려줬다. 그녀는 아주 오래된 친구를 만난 것처럼 이야기보따리를 풀어냈다. 이쯤 되면 남들도 궁금하지 않을까? "앞이 안 보이는데도 아침마다 문자를 보내셨던 거예요?"라고 물었더니 "나? 재작년까지는 보였지. 못 보고 산 지 이제 2년째예요"라고 했다.

　　2년 전, M은 눈이 침침해서 병원에 갔다. 병원에서는 수술해야 한다고 했다. 수술 절차가 늘 그러하듯 잘못되면 실명할 수 있다는 주의 사항을 들었다. M은 수술 동의서에 사인했다. 주의 사항은 어디까지나 주의 사항일 뿐이니까. 차례를 기다리는 시간에도 라디오를 들으며 전화 연결에 참여한 M은 "작가님, 저 이제 수술실 들어가요. 잘 하고 나올게요!"라고 말했을 만큼 씩씩한 분이었다. 수술이 끝났는데 세상이 깜깜했다. 이상하다 싶을 만큼 하나도 보이지 않았다. 죽어야겠다는 생각만 들어서 산에 올라가 죽겠다는 결심을 했지만, 앞이 안 보이는 세상에서는 혼자 죽으러 갈 수도 없었다. 딱 이틀을 집 안에서 울고 또 울고, 죽고 싶어도 마음대로 죽을 수 없는 자기 팔자를 한탄하며 보냈다. 사흘째 되던 날, M은 딸들을 생각해서라도 살아야겠다는 마음에 가족의 도움을 받아 시각장애인 복지관을 찾았다. 복지관에서 흰 지팡이를 받고 길을 걸을 때, 계단을 오르내릴 때 사용하는 방법을 배웠다. 장애인 복지관을 이용하는 방법, 점자를 판독하는 방법 등 이제 막 학교에 들어간 아이처럼 차근차근 배워나갔다. 2년이 지난 지금, M은 매일 아침이면 카세트테이프로 낭독 봉사자들이 녹음한 소리 책을 들으며 마치 드라마를 보듯 상상을 한다. 활동 도우미가 집에 오면 시각장애인들의 배움터인 혜광학교에 가서 다양한 수업을 듣는다. 여기까지가 M의 이야기다.

후천적 시각장애인의 비율이 90%가 넘는다. 그들은 자신이 시각장애인이 되었다는 사실을 받아들이기까지, 가족들이 그 사실을 인정하기까지 꽤 오랜 시간을 보낸다. 그 이후 낯선 세상에 적응하기까지 또 한 번 고통스러운 시간을 보내야 한다. 중년이 되면 노안이 왔다며 안경을 코끝으로 내려 쓰고, 휴대전화를 멀리 쥐고 본다. 그 불편함이 아예 보지 못하는 것만 하랴.

한번은 시각장애인 체험을 한 적이 있었는데 그야말로 '암흑의 시대'였다. 한 발을 내디딘다는 게 얼마나 두려운지. 마지막 계단인지 모르고 휘청거리기도 했고, 화장실에 가는 일은 엄두도 못 냈다. 옆에 도우미가 있는 체험이었는데도 말이다.

나는 3년 전부터 책을 낭독해 녹음 도서를 만드는 봉사 활동을 하고 있다. 해마다 신규 봉사자를 뽑기는 하지만 요일과 시간을 정해 일주일에 2~3시간씩 꾸준히 녹음 봉사를 하기는 쉽지 않다. 녹음 봉사자 중에는 이 어려운 일을 10년도 넘게 해온 분들이 있다. 그들은 여전히 고민한다. 어떻게 하면 더 실감나고 맛깔나게 읽을 수 있을까. 어떻게 하면 종이 넘기는 소리를 덜 낼 수 있을까. 어떻게 하면 이 내용을 더 잘 전달할 수 있을까. 책에 취하지 않았다면, 봉사에 취하지 않았다면 절대 고민할 필요도 없겠지만 이들은 이미 취했다. 소리로 녹음된 책을 귀로 듣는 시각장애인들이 얼마나 즐거워할지 상상하며 봉사에 심취한다. 이런 훌륭한 분들과 나의 봉사를 비교하는 건 정말 부끄럽다. 직업 여건상 나는 점자도서관의 녹음 시설을 이용하지 않아도 새벽이나 밤의 자투리 시간을 이용해 방송국 녹음실을 이용할 수 있다. 말을 하는 직업인지라 책을 낭독하는 데도 분명 유리하다.

누구나 새로운 한 해를 계획하면서 빠지지 않는 항목 중의 하나가 바로 독서다. '올해는 꼭!'이라고 다짐하지만 거의 같은 이유로 실패한다. 시간이 없어서. 일이 많아서. 바빠서. 하지만 다른 누군가는 보이지 않아서 읽을 수가 없다. 이들을 위해 많은 봉사자가 소리로 세상을 채우고 있다. 따뜻한 온기와 함께.

중국의 병법가 손자는 이런 말을 했다. "절대로 그런 일이 일어나지 않을 거란 말은 절대로 하지 마라." 살다 보면 강 건

너 불 보듯 남 일로만 생각했던 일과 마주하게 된다. 누구도 나에게 일어날 일이라는 생각을 하지 못한 채 말이다.

하고 싶은 일을
위해서라면
해야만 하는 일쯤이야!

TV 시절부터 오랫동안 함께 일해온 국장님과 아나운서 팀장님이 프리랜서인 나를 라디오국으로 이끌었다. DJ에 대한 주문 사항은 이랬다. "아나운서인데 아나운서 같지 않은 느낌이어야 하고, 아나운서가 아닌데 아나운서 같은 느낌이어야 한다." 지금 다시 들어도 무슨 말인지 모르겠다. 하여간 이런 요상한 주문 사항에 딱 떠오르는 게 나였다고 한다. 그렇게 해서 시그널 음악과 함께 오프닝을 하고, 문자로 도착하는 사연을 소개하고, 좋은 노래를 함께 듣는 행복한 시간을 갖게 되었다.

라디오를 시작하고 이틀 동안 PD 역할을 맡아주신 국장님은 사흘째 되던 날 단호하게 "이젠 너 혼자 해라" 하시며 홀로 서기를 명했다. 처음에는 원고를 써주는 작가가 있었다. 불편한 점이 있을 때 도와줄 조연출도 있었다. 그렇지만 생방송 라디오 부스에 들어가면 진행하면서 콘솔을 조절하고, 노래를 선곡해 틀고, 실수 없이 광고 내보내고, 사연을 고르고, 끝나는 시간을 계산해 마지막 곡 잘리지 않도록 내보내는 일 그리고 주말 방송의 녹음 및 편집까지 내가 다 감당해야 한다. 라디오 프로그램을 혼자 맡는다는 건 그런 것이었다.

라디오 방송에서 DJ가 일인다역을 소화하는 경우는 일반적이지 않다. 보통 라디오 방송실에서 DJ가 방송을 진행하는 라디오 부스는 PD와 기술감독이 방송을 제어하는 조정실과 분리된 구조다. PD는 유리창을 통해 DJ와 수신호를 주고받거나 토크 박스를 통해 간단한 소통을 한다. 하지만 내가 일하는 경인방송에는 제작과 진행을 동시에 할 수 있는 스튜디오가 있다. 나는 진행자와 PD 역할까지 한꺼번에 맡았다. 라디오 진행 업무를 시작한 지 이틀 만에 홀로 서기를 했다. 이건 뭐랄까, 갓난아기가 무릎으로 기지 않고 어느 날 벌떡 일어나서 걷는 셈이다. 뒤집기와 기는 단계를 생략한 채 일어나 걸어야 했던 나는 어떻게 해냈을까?

　사람은 적응의 동물이다. 뭐든 해보면 금방 익숙해지기 마련이다. 죽을 것 같은 일도 어느 순간 편안해진다. 운전을 처음 배울 때는 양손으로 운전대를 잡고 벌벌 떨면서 차선 바꾸기조차 두려워하다가도 어느새 한 손으로 운전하기는 물론 음악을 틀고 커피 마시는 일까지 가능해지듯이. 지금 나는? DJ, PD 일을 할 뿐 아니라 작가 없이 원고까지 작성해낸다. 그야말로 1인 제작자가 되었다는 얘기다. 방송국이라는 큰 울타리 안에서 내 한계를 점점 늘려나갈 수 있었다. 난감하고 버거운 순간이 한두 번이 아니었다. 게임의 난이도를 높여가듯 미션을 완수해나가면서 내 역량도 커졌다. 지난날에 감사할 따름이다.

　가끔 후배 PD들이 묻는다. "선배, 너무 힘들지 않아요? 원고 준비하고, 선곡하고, 방송도 하고, 녹음하고, 편집하고. 혼자서 다 하는 거." 하지만 지금도 내가 고집하는 게 하나 있다. 하고 싶은 일 하나를 위해서는 하기 싫은 일도 기꺼이 감수하는 것.

　라디오 DJ는 내가 정말 좋아하는 일이다. 좋아하는 일을 하기 위해서는 부수적으로 해야만 하는 일이 있다. 소망을 이루기 위해서는 의무를 해내야만 한다. 요리사가 되기 위해 양

파를 까고, 설거지하고, 시장을 보는 것은 기본이다. 좋아하는 일을 하기 위해 감수해야 하는 일이 존재한다. 그건 자신의 선택이다. 죽어도 못하겠으면 안 하면 되고, 그래도 하고 싶다면 힘들어도 해야 하지 않을까? 결과적으로 나 자신은 훨씬 더 많은 걸 얻었다. 어쩌면 지금 책을 쓰고 있는 것도 그동안 모아온 경험이 있었기에 가능한 일이다.

쓸모없는 일이란 존재하지 않는다. 쓸데없는 일들이 모여 쓸모 있는 일들을 이룬다. 라디오를 진행하면서 선곡은 내가 절대 포기하고 싶지 않은 부분, 원고는 내 능력을 넘어선 고역스러운 일. 그렇지만 말쟁이가 글쟁이 흉내 내는 동안 크게 배웠다. 생방송을 진행하면서 얻은 게 정말 크다. 앞으로도 해보고 싶은 기획은 또 얼마나 많은지. 아직도 꿈꾸는 청춘이다. 진행이라는 하나의 업무 외에 다른 부수적인 일까지 해내기란 쉽지 않았다. 그렇지만 모든 경험이 내 몸을 관통한 이후 나만의 브랜드, 바로「해피타임」이라는 프로그램을 지킬 수 있었다. 전문 라디오 작가가 써준 원고만큼 고급스럽지는 않다. PD가 붙어서 말끔하게 선곡하고 코너를 세련되게 기획한 방송보다 짜임새는 덜할 수 있다. 어찌 됐든 나만의 온도와 색감을 가진 「해피타임」은 바로 내 브랜드다. 오직 하고 싶은 일인 라디오

방송을 위해 의무적으로 해낸 부수적인 작업. 투덜거리고 불평할 일이 아니다. 나에게 값진 이자 수익을 갖게 해준 미련한 장기 저축이었던 셈이다.

스무 살을 지나
두 번째
스무 살이 되다

　"엄마가 듣는 방송이라 같이 듣고 있어요"라고 말하는 초
등학생, 중학생이나 "야간 자율학습하면서 듣고 있어요"라고
말하는 고등학생이 아니라면 20대는 내 방송에서 젊은 청취자
다. "편의점에서 아르바이트하면서 듣는데 음악이 너무 좋아
요. 저는 아침 수업 전에 학교에서 아르바이트하고, 수업이 끝
나고 나면 편의점에서 밤까지 일하는 대학생입니다. 근데 너
무 힘들어요. 20대는 원래 이렇게 힘든 건가요?" 어느 늦여름
에 도착한 사연이다. 힘들다는 그 청년의 이야기에 많은 청취
자들이 응원의 메시지를 보냈다. "지금 힘든 건 언젠가 피가

되고 살이 되는 일이다." "그러게요. 요즘 청년들 너무 힘들겠어. 그래도 기운 내요!" "형이 응원한다! 열심히 사는 자에게 복이 찾아올 거야!" 어쩌면 막내 삼촌 또는 엄마, 아빠 또래일지 모르는 청취자들은 진심으로 그 청년을 응원해줬다.

문득 생각났다. 눈 떠서 잠들 때까지 공부의 부담에서 벗어날 수 없었던 고등학교 시절, 그때는 공부만이 살길이라고 믿었고, 대학 입시가 인생의 전부라고 생각했다. '스무 살만 되면'이라는 상상으로 모든 욕망을 억압했다. 우리가 가장 꿈꾸던 나이는 스무 살이었다. 스무 살이 되면 화장도 할 수 있고, 호프집에도 자유롭게 들어갈 수 있고, 연애도 할 수 있다는 별것도 아닌 막연한 기대를 품었다. 열여덟, 열아홉 앳된 우리는 스무 살을 꿈꾸며 그 힘든 시절을 견뎌왔다. 그리고 찬란한 스무 살을 만났다. 나의 20대는 진한 사랑에 웃기도 울기도 했다. 아픈 이별에 취해도 보고, 짜릿한 승리감과 처절한 패배감까지 경험했다. 샘플러 크기의 맛보기용 인생 희로애락을 느끼며 눈 깜짝할 사이에 20대를 보냈다.

인생의 중반 지점을 지나는 이들이 가장 돌아가고 싶은 나이는 언제일까? 역시 스무 살이다. 무얼 해도 괜찮을 나이가 '스무 살'이니 말이다. 소설가 김연수의 〈스무 살〉이라는 단편소설에는 이런 말이 나온다.

> "열심히 무슨 일을 하든, 아무 일도 하지 않든 스무 살은 곧
> 지나간다. 스무 살의 하늘과 스무 살의 바람과 스무 살의 눈
> 빛은 우리를 세월 속으로 밀어 넣고 저희끼리만 저만치 등 뒤
> 에 남는 것이다. 남몰래 흘리는 눈물보다도 더 빨리 우리 기
> 억 속에서 마르는 스무 살이 지나가고 나면, 스물한 살이 오
> 는 것이 아니라 스무 살 이후가 온다."

(〈스무 살〉, 김연수, 문학동네, 2000, p.9)

스무 살이 지나면 스무 살 이후가 되어버리는 것. 그게 스
무 살이다. 지나고 나면 다시는 돌아갈 수 없는 스무 살. 아무
리 아들, 딸이라 해도 부러울 수밖에 없는 나이, 스무 살. 뭘 입
어도 예쁘고, 심지어 자다가 깨서 부은 얼굴조차 풋풋했던 스
무 살. 제아무리 군살 없고 긴 생머리를 가진 40대라 해도 20
대의 젊은 그들과는 분명 느낌이 다르다. 그 부족한 2%는 아
마도 '생기'일 테지만.

모두가 꿈꾸고 부러워하는 나이 스무 살을 보내고 있는 그
들은 정작 힘들다. 대학 들어가자마자 취업 준비를 해야 하고,

학교 내 동아리 활동보다 스펙을 쌓을 수 있는 영양가 있는 활동을 선택한 똑똑한 스무 살이라면 힘들 수밖에 없지. 그래서일까? 불혹을 지난 나는 스무 살로 돌아가고 싶지 않다. 지금 겪는 현실도 버거운데 다시 스무 살이 되어 무엇하랴. 방황했던 스무 살로 돌아가면 또다시 혼돈의 시기가 닥칠 것이다. 뭐든 하고 싶은 일을 할 수 있는 자유가 주어졌지만, 자유를 어떻게 써야 할지 모른다. 다시 20대로 돌아간다면 엄청 하고 싶은 일이 많을 것 같지만 나는 잘 모르겠다.

그럼에도 불구하고 만에 하나 내가 다시 스무 살로 돌아간다면 그땐 나의 열정을 골고루 분산할 거야. 미래를 위한 투자, 지금을 즐기기 위한 투자, 사람을 챙기기 위한 투자, 가족과 함께하는 투자로 어느 하나 놓치지 않고 살아볼 거야. 한 바퀴의 스무 살을 더 살아보니 인생에는 챙겨야 할 것들이 너무도 많더라. 스무 살이여! 그대들의 열정을 절대 한 군데 몰빵하지 말고, 적절한 비율로 분산 투자하길 바라. 정해진 그 비율 안에서 최선을 다해 즐기며 살길!

어쩌면 이 말은 두 번째 스무 살을 맞은 우리 77년생들을 향한 애틋한 외침인지도 모른다. 다시 돌아갈 수 없는 20대를 그리워하기보다 마흔이라는 지금의 청춘을 즐기는 편이 훨씬 짜릿하지 않을까? 마흔이 되어 만난 나를 즐기는 것도 나쁘지 않다. 스무 살이던 내가 마흔의 나를 보고 낯설어하지 않기를.

보름달이 뜬 밤에
그 남자는 왜
옥상으로 올라갔을까?

TV 시절 출장을 가면 카메라 감독님들은 꼭 해 질 무렵
과 해 뜰 무렵의 풍경을 찍었다. 정성스럽게 촬영한 그 장면은
어떤 날엔 영상을 기가 막히게 살렸고, 또 어떤 날엔 사용되지
도 못한 채 지워져버렸다. 영상에 무지했던 나는 "저녁이나 새
벽이나 둘 다 어둑해지는 시점인데 같은 거 쓰면 안 되나요?"
라고 물었는데, 그럴 때마다 감독님들은 두 개의 색감을 자세
히 보여주셨다. 푸른빛이 도는 새벽의 어둠과 붉은빛이 감도
는 저녁 무렵의 어둠이 얼마나 다른 온도를 담고 있는지 비교
하며 설명해주셨다.

나는 하늘의 색이 변하는 순간을 좋아한다. 최고의 그러데이션을 선보이며 유혹적으로 하루를 마무리하는 늦은 오후. 참 매력적인 시간이다. 수년간 아침 방송을 진행하며 '아침을 열어주는 여자'였던 나는 2017년 봄 개편으로 하루를 마무리해주는 밤 친구가 되었다. 고속도로를 달리는 저녁 무렵의 출근길은 저 멀리서 붉게 타오르는 노을처럼 관능적이었다. 「해피타임」이 저녁 시간으로 이사한 후, 나는 날마다 변하는 달의 크기와 위치에 민감한 여자가 되었다. 누가 매일 밤하늘을 쳐다보며 달을 관찰할까? 나는 매일 밤 달을 찾아보는 낭만적인 여자가 되었다. 생방송을 마치고 나면 밤 10시. 달을 보면서 퇴근하기 때문이다. 학창 시절 지구과학 시간에나 신경 썼을 법한 달의 모양에 관심을 두게 된 건 무척 매력적인 변화였다.

달이 떴다고 전화를 주시다니요.

이 밤 너무 신나고 근사해요.

내 마음에도 생전 처음 보는

환한 달이 떠오르고

산 아래 작은 마을이 그려집니다.

「달이 떴다고 전화를 주시다니요.」

(《그대, 거침없는 사랑》, 김용택, 푸른숲, 2002) 중에서

보름달이 뜬 어느 날이었다. 한 청취자가 "옥상에 올라가서 보름달 사진 찍어 올게요!"라고 했고, 잠시 후 사진을 보내주었다. 달이 엄청 크고 선명해서 순간 포털 사이트의 보름달 사진 이미지를 보낸 줄 알았다. 그분은 망원경에 스마트폰 렌즈를 대고 찍었다고 설명했다. 머릿속으로 장면이 그려졌다. 누군가 나에게 달 사진을 보내기 위해 옥상까지 올라가 망원경을 들여다보며 사진을 찍다니. 나도 모르게 심장이 뛰었다.

라디오란 이런 감성이 통하는 법이다. 달을 보면서 헤어진 연인이 떠오르는 일만 있지 않다. 누군가에게 달은 라디오에 빠져드는 시간이 아닐까. 언젠가 보름달을 바라보며 추억할 만한 장면이었다.

세상의 모든
마지막 방송은
슬프다

　　오랫동안 라디오 프로그램을 진행하며 생긴 습관이 있다.
단 한 번 스친 적도 없는, 인연 없는 사람일지라도 세상 모든
DJ들의 막방(마지막 방송)을 슬퍼하는 일이다. 자의냐 타의냐
에 상관없이 라디오 DJ들에게 막방은 그런 것이다. 막방 1분
전의 마음은 경험해본 사람만이 안다. 하고 싶은 말을 다 하지
못한 채 다가오는 마지막 5초.

　　나는 프리랜서다. 속을 들여다보면 결코 멋지고 자유롭지
않다. 쉽게 말해 하루 벌어 하루 먹고사는 일용직 노동자와 같
다. 내일이라도 자리를 내줘야 하는 일이 생길지 모르고, 당

장 무슨 일이 생겨도 아무런 보장을 받을 수 없다. 얼마 전 시간강사가 의료보험을 보장받을 수 없어 맥도날드에서 시간제 아르바이트를 했다는 인터뷰 기사를 읽은 적 있다. 적어도 패스트푸드점에서는 4대 보험을 해줬다고. 대학의 시간제 노동자인 강사로 일해도 기본적인 4대 보험에 가입해주지 않는다는 현실을 폭로했다. 대학의 강사든 방송국의 진행자든 겉으로는 참 우아해 보인다.

그동안 수많은 마지막 순간이 있었다. 아이를 셋이나 낳은 나는 더더욱 그렇다. 출산 휴가에 들어갈 때도 사실 보장된 자리는 없었다. 돌아올 자리가 없을 수 있다는 마음으로 떠나야 했다. 이번이 영영 마지막이 될지도 모르는 끝인사를 여러 번 했다. 실제로 개편 때 이름난 연예인에게 자리를 빼앗긴 적도 있었다. 프로그램 종영으로 막방을 할 때도 '이번이 정말 마지막일지 모른다'는 생각을 늘 해왔다.

연차가 있는 방송인이라면 한 가지 주제로 긴 시간을 끌어내기가 어렵지 않다. 관련된 영화나 드라마 이야기, 자기 경험담, 그럴듯한 명언들을 곁들여 이야기를 계속 끌어갈 수 있다. 정말 어려운 건 끝인사다. 스튜디오 안의 전자시계가 방송을 끝내야 하는 1분 전, 30초 전, 10초 전으로 향해 갈 때 마이크 앞에 있는 사람의 마음이 얼마나 아쉬운지, 경험해보지 못한 사람은 절대 알 수 없다.

어느 날 운전을 하며 가다가 「박경림의 두 시의 데이트」를 들었다. 평소 즐겨 듣던 프로그램은 아니었는데 그날은 마침 박경림의 마지막 방송이었다. 그녀는 2013년 5월 20일부터 2016년 9월 25일까지 만 3년이 넘는 시간 동안 MBC 라디오를 진행했다. "여러분과 함께한 시간이 너무 소중했습니다. 좋은 기억 잊지 않고 열심히 활동하겠습니다. 잠시만 안녕"이라고 하차 소감을 말했다. 그 막방을 끝까지 챙겨 들으면서 눈물을 참지 못하고 차를 세웠다. 그리고 엉엉 울었다.

라디오 진행자들은 마지막 인사를 하며 많이들 운다. 「홍진경의 가요광장」, 「종현의 푸른 밤」 역시 거의 오열하다시피 하며 끝냈다. 그 마음은 겪어본 사람만이 안다. 청취자들은 DJ 얼굴을 알지만, DJ들이 아는 청취자의 얼굴은 드물다. DJ들은 SMS로 참여하는 청취자들의 연락처를 알아도 개인적으로 연락할 수 없다. 청취자들 역시 DJ들의 연락처를 알지 못한 채 그렇게 이별한다.

수년 전 내가 아침 방송을 떠나던 어느 날도 그랬다. "마지막 방송을 꼭 들으려고 반차를 내어 듣고 있어요. 아침부터 같이 울고 있습니다." "오늘 공방 문을 열었는데 수업을 할 수가 없어서 혼자 앉아 울고 있어요." "바빠서 오랜만에 들어왔는데 이게 무슨 날벼락인가요. 오늘이 진짜 마지막이에요?" 눈물을 흘리며 마지막 노래를 올렸다. 가수 요조가 리메이크해 부른 '내가 말했잖아'가 시작하던 순간을 아직도 잊지 못한다. "내가 말했잖아. 슬플 땐 울어버리라고…." 가사가 흐르고 우리는 같이 울었다.

공백기를 마치고 다시 돌아온 나는 언젠가 또 맞이하게 될 마지막 방송을 상상한다. 그리고 마음을 다해 준비하고 진심을 담아 방송한다. 생방송 직전의 떨림과 마치고 난 후의 짜릿함을 즐기며 언젠가는 추억이 될 그 감정에 최선을 다한다.

저희 아버님의
좋은 친구가 되어주셔서
고마웠어요

라디오를 진행하다 보면 날마다 하루에도 사연을 몇 통씩
보내는 분들이 있다. 고마울 따름이다. 그러다가 갑자기 뜸해
질 때는 대부분 여행을 다녀오셨거나 근무 시간이 바뀌어서
들을 수 없어진 경우다. 궁금하다고 물을 수 없는 자리가 바로
라디오 DJ 자리다.

어느 날, 생방송 도중 문자 하나를 받았다. 머리가 띵해
졌다. "안녕하세요. 오늘은 시아버님이 돌아가신 지 딱 일주
일 되는 날이네요. 장례식이 끝난 후 혼자 남아 아버님이 생전
에 좋아하시던 라디오를 물려받아 듣고 있어요. 그동안 저희

아버님의 좋은 친구가 되어주셔서 진심으로 감사드립니다."

머릿속에 한 분이 스쳐 지나갔다. 매일같이 문자를 보내다가 몇 달 전부터 소식이 없던 분. 방송을 마치고 조심스레 문자를 보냈다. "혹시 아버님 성함이…?" 내 예상이 맞았다. 며느리의 말에 따르면, 돌아가시기 6개월 전부터 계속 병원에 계셨는데 나중엔 손에 힘이 없어져서 핸드폰을 떨어뜨리면서까지 문자 참여를 하셨다고. 얼굴 한 번 뵌 적 없는 분이셨지만 진심으로 고인의 명복을 빌었다.

라디오는 그저 다이얼이나 버튼이 달린 기계가 아니다. 사람과 사람을 이어주는 온기가 느껴지는 매체다. 시아버지의 보물 라디오를 물려받은 며느리는 지금 내 프로그램의 애청자가 되었다.

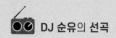

홀로 있는 사람들에게
추천하는 노래

36.5도 사람의 체온을 느낄 수 있는 유일한 기계,
라디오. 촌스러운 라디오 안에는 당신의 이야기가
있고 추억이 있습니다. 소박해서 특별하고, 특별해서
더 소소한 우리들의 이야기를 들어보세요. 혼자
있지만 혼자가 아닌 시간이 열릴 거예요.

♫ Big Baby Driver - 홍예문의 밤 (작사/김상윤, 작곡/Big Baby Driver)

♫ 김목인 - 그게 다 외로워서래 (작사,작곡/김목인)

♫ 이아립 - 움트네, 봄 (작사,작곡/이아립)

♫ 더 넛츠 (The NuTs) - 사랑의 바보 (작사/강은경, 작곡/Oda Tetsuro)

♫ 가을방학 - 가끔 미치도록 네가 안고 싶어질 때가 있어 (작사,작곡/정바비)

6장

소심한
A형의
일기장

말은 씨가 되는 법이지.
말하는 대로,
그 후의 이야기

램프의 거인이 내게 물었다. "세 가지 소원을 말하시오." 나는
생각했다. 착한 도깨비가 베푼 모처럼의 친절에 '당신이 가지
고 있는 바로 그 방망이를 달라'고 하다가 아무것도 얻지 못
한 동화 속의 주인공과, 지나친 욕심을 부리다가 결국 소시지
만 잔뜩 먹게 된 어리석은 부부의 이야기를. 하여 나는 지혜
롭게도 "얼마간의 시간을 달라"고 말했다.

(여행스케치 3집 「세 가지 소원」 중에서)

2014년의 12월 31일. 생방송을 마치고 나오는 길에 새해

복 많이 받으라는 인사 대신 방송국 사람들에게 물었다. "2015
년에 꼭 바라는 거 있어?" 아주 가벼운 질문이었으나 동료들
은 다소 진지하고도 반짝이는 눈빛으로 조곤조곤 소망을 얘기
했다. 리포터 시절 송년이면 여기저기 타종 행사에 인터뷰하
러 다녔는데 그때보다 훨씬 건질 만한 대답이 많았다. 그들의
소망에 따라 나는 웨딩플래너도 되었다가 심리상담가도 되었
다가 나중엔 삼신할머니도 되는 묘한 경험을 했다.

집으로 돌아오는 길, 재킷 표지가 노란색이었던 여행스케
치의 3집 앨범 「세 가지 소원」의 내레이션이 계속 맴돌았다. '램
프의 거인이 내게 물었다'로 시작하는 프롤로그의 독백부터 이
어지는 노래들과 소원 하나, 소원 둘, 소원 셋.

20년 전 여행스케치 3집의 프롤로그부터 앨범의 끝까지
줄줄 외우고 있던 나는 다시 앨범 전체를 들으며 망치로 뒤통
수를 얻어맞은 기분이 들었다. '소원 셋'에 등장하는 택시 기사
아저씨의 말은 토씨 하나 틀리지 않고 줄줄 외우고 있었는데
그 속엔 내가 미처 이해하지 못했던 인생이 담겨 있었다. '다
시 태어난다 해도 지금까지 당신이 살아온 그대로밖에 살 수
없을 것'이라고 했다. 그것이 나의 한계이자 최선이었다고.'

어떤 이의 소원은 웃음보가 터질 만큼 설레고 재밌는 것이

6장 순수한 A형의 일기장

었다. 누군가의 소망에는 두 손 모아 함께 기도해주고 싶은 간절함이 있었다. 프롤로그에 등장하는 램프의 거인이 된 것 같은 기분. 꽤 설레었다.

그로부터 1년이 지난 어느 날이었다. 화장대 서랍을 정리하려다 몇 년 치 다이어리를 발견했다. 지난 다이어리를 읽느라 시간이 훌쩍 흘렀다. 2014년 12월 마지막 날, 내 생뚱맞은 질문에 진지하게 답했던 그들의 소망을 다시 읽다가 깜짝 놀라지 않을 수 없었다. 당시 남자 1은 이렇게 말했다. "내 옆의 그녀가 나를 떠나지 않고 조금만 더 기다려주면 좋겠어요. 1년만 더." 결국 그와 그녀는 다음 해 결혼했다. "아이를 낳아야 하지 않겠습니까?"라고 말했던 남자 2는 정확히 1년 후 멋진 아들을 낳아 행복하게 살고 있다. 남자 3의 소망은 이랬다. "건강하게 살면서 더 즐겁게 노래하고 싶어. 노래를 더 잘 부르고 싶어." 그는 지금도 즐겁게 노래하며 좋은 작품으로 무대에 선다. 심지어 너무 건강한 나머지 불혹이 넘은 나이에 키가 해마다 1cm씩 자라고 있단다. 남자 4는 내 엉뚱한 질문에 웃기만 했다. 그는 여전히 내 말에 잘 웃어준다.

이어진 여자 1, 여자 2, 여자 3의 소망도 딱딱 이루어졌다. 신기하게도 그들의 소원은 말한 것까지만 이뤄졌다. 그리하여 나는 소원을 빌 때 엄청 길고도 구체적으로 빈다. 세상의 모든 일은 대부분 말하는 대로 이루어진다. 내가 기대하는 만큼, 내가 노력하는 만큼. 그러니 우리는 나의 자리, 나의 위치에서 하루하루 최선을 다하며 잘될 거라는 긍정의 주문을 외워야 한다.

오늘도 곱게 마시고
곱게 취하세요!

"나는 술을 싫어하지 않는다"라고 말하긴 민망하다. "나는 술을 좋아한다"라고 하기에는 술에 대한 나만의 기준이 분명하다.

우선 소주와 양주, 고량주 등과 같이 목구멍을 타고 내려가는 독한 술을 좋아하지 않는다. 내가 좋아하는 술은 딱 두 가지, 바로 맥주와 와인이다. 보드라운 거품을 헤치고 차가운 맥주를 마시는 상상을 하면 지금도 웃음이 난다.

또 다른 기준은 기분이 좋지 않은 날에 술을 마시지 않는다는 것이다. 좋은 날 마신 술은 두고두고 좋은 기억으로 남지만, 안 좋은 일로 마신 술이 좋게 기억되지는 않는다. 반드시 나를 화나게 한 누군가가 도마 위에 오르고 불필요한 말들이 오가다가 결국은 화를 불러오게 돼 있다.

마지막 하나. 아무나하고 술자리를 잡지 않는다. "언제 맥주 한잔해요" 이런 입버릇 같은 약속은 웬만해서는 하지 않고, 입에서 내뱉었다면 거의 90% 이상 지킨다. 술은 굳이 안 해도 되는 말에 보너스로 끼워 넣을 만큼 하찮은 존재가 아니다.

누군가와 흠뻑 취할 정도로 술을 마시지도 않고, 필름이 끊길 정도로 고주망태가 되어 고생하는 일도 별로 없었다. 깨어났을 때 후회되는 숙취보다는 아련함과 그리움이 가득한 밤이 더 좋다. 곱게 마시고 곱게 취한 그런 술 한 잔이 더 맛있다.

바람 온도가 바뀌어 마음을 뒤흔드는 계절이 되면 보고 싶은 얼굴들이 영화관의 엔딩 크레디트처럼 스쳐 지나간다. 밥 한번 먹자는 말만 100번째 하는 사람도 있고, 밥 한 번쯤은 먹을 만한 사이였는데 어쩌다 보니 지나쳐버린 사람. 자신이 다시 연락하지 않을 걸 알면서도 그냥 빈말을 던진 사람도 있을 거다. 아, 꼭 다시 만나고 싶은 사람이지만 둘이 만나기는 어색해서 누구를 끼울까 고민하다가 타이밍을 놓친 사이도 있을 거다. 됐고! 지금 떠오르는 사람이 오늘의 술친구다. 지금 전화해서 반갑게 약속 잡을 수 있는 그 사람. "난 늘 술이야 맨날 술이야"(술이야, 바이브), "그래 난 취했는지도 몰라 실수인지도 몰라"(취중진담, 전람회), "여보세요 나야 거기 잘 지내니 여보세요 왜 말 안 하니"(소주 한 잔, 임창정)

오늘도 곱게 마시고 곱게 취하길!

내 어릴 적 꿈,
나의 옛날 이야기

　어린 시절 내 꿈은 약사였다. 동네 약국의 약사 아줌마를 보고 꾼 꿈이었다. 그 당시는 의약분업 이전이라 약사가 진료하고 처방까지 할 수 있었다. 약사 아줌마는 내가 아파서 약국에 가면 "어디가 아프니? 왜 그랬니? 언제부터 아픈 거니?"라며 따뜻하게 물어봐 주셨다. 그 몇 마디에 나는 약을 먹기도 전에 이미 다 나은 기분이었다. 세상에! 약사라는 직업이 이토록 아름답고 신비한 일이었구나. 초등학생 때부터 고등학생 때까지 장래 희망은 늘 약사였다. 그 꿈이 틀어진 건 고3 때였다. 약대에 갈 성적과 점점 멀어진 게 가장 큰 이유였다.

차선책으로 찾은 꿈은 수학 선생님이었다. 고등학교 3년 내내 좋아해서 따라다니던 수학 선생님이 계셨는데, 어느 날 선생님께서 "수학 선생님은 하지 마라. 배운 것으로 평생 가르치기만 하는 직업 말고 너는 다른 거 해라" 하셨다. 그때는 무슨 말씀인지 이해하기 어려웠지만, 이제 조금은 알겠다. 하지만 지금도 선생님이라는 직업을 존경한다.

수학은 정답이 있는 학문이다. 물론 방법이 다양해졌다. 놀이 수학, 스토리텔링 수학, 융합형 수학, 토론 수학 등 이름이 많다. 그러나 결국 수학은 수학이다. 하나의 답을 찾아나가는 과정이 다를 수 있으나 결국 답은 하나다. 1+1=2였던 수학이 어느 날 갑자기 1+1=3이 될 수도 있다는 식의 논리는 성립하지 않는다. "사과 하나가 있었는데, 사과 하나를 더 받아 두 개가 되었어요"라는 정확성과 논리성은 전 세계 어디에서나 진리로 통용된다. 친자가 뒤바뀌고 알고 보니 이복형제였다는 식의 현실 속 막장 드라마가 될 수 없는 게 수학이라는 학문이다. 교육 제도나 여러 가지 환경적인 요인에 따라서 수업 방식이 바뀌는 점은 있겠으나 수학은 정답 불변의 과목이다. 대학 졸업 후 10년 만에 《수학의 정석》을 풀 일이 있었는데 그야말로 깜놀이었다. 똑같았다. 지금도 감을 회복하면 고등학생 수학은 충분히 가르칠 수 있을 것 같다. 세월이 흘러도 변하지 않는다.

수학 선생님이 되지 않은 게 비단 그런 이유에서는 아니다. 내가 입학한 1996년은 학부제가 도입된 지 2년 차였다. 수학과, 물리학과, 화학과, 생화학 및 분자생물학과, 지구해양학과가 포함된 이과대(자연과학대)에 들어가 1년 동안 네 전공학과의 필수과목을 모두 이수하고 2학년에 올라가면서 전공을 선택하는 제도였다. 당연히 수학과를 선택할 생각이었다.

2학기가 되자 생화학과 조교들이 나를 탐내기(?) 시작했다. 그것도 매우 황당한 이유, 바로 실험용 쥐를 소리 없이 잘 죽인다는 이유로 말이다. 실험실에서 쥐를 죽이는 건 생각보다 어렵지 않았다. 한 손으로는 목을 살짝 잡고 다른 한 손으로는 꼬리를 세게 몇 번 잡아당기면 끝이다. 보통 여학생들은 실험용 쥐를 만지기도 꺼렸다. 무서워서였는지, 연약해야 한다는 의무감 때문이었는지는 모르겠으나 시체의 근육을 관찰하는 시간보다 쥐를 잡는 시간을 더 꺼렸다. 학과에서 잘 보이고 싶은 선배도 없었고, '실험은 그저 실험일 뿐!'이라고 생각하는 나에게 쥐는 실험의 재료에 불과했다.

그렇게 생화학과를 선택했고, 몇 년이 지나 갑자기 어린 시절 꿈이 떠올랐다. 다시 약사가 되고 싶었다. 지도교수님과 상담을 하며 약대 편입을 진지하게 고민했다. 편입만큼은 따라다니면서라도 말리겠다는 교수님의 말씀에 또 한 번 포기했다. 어쩌면 간절하지 않았기 때문에 흔들렸을 것이다. 누군가 한마디만 해도 휘청거렸다. 절실히 바랐던 꿈이라면 어떤 환경에도 굴하지 않고 꿈을 향해 정진했겠지.

대학교 3학년 겨울방학. 앞날을 고민하고 있었다. 여러 가지 생각들이 널려 있다가 생각의 가지치기 끝에 후보가 점점 좁혀지고 있었다. 지금 준비해야만 하고, 나중에는 하고 싶어도 못 하는 일. 방송이었다. 이미 고등학교 방송반과 대학 방송국을 경험하면서(비록 한 달이었지만) 방송에 대한 어렴풋한 환상이 생긴 것이다. 고등학교 시절 방송부원으로 학교 안내 방송, 아침 명상의 시간, 점심 음악 방송 등을 진행하며 방송의 짜릿함을 맛봤다. 해마다 개교기념일이 있는 봄이 되면 동기, 선후배들과 함께 방송제를 준비하면서 몇날 며칠 밤을 새웠던 추억이 있다. 공부보다 재밌었던 일, 방송.

이쯤이면 대학 방송국을 왜 한 달 만에 그만두었는지 고백해야겠다. 수능시험에서 폭삭 망한 나는 대학에 안 갈 자신은 없고 학교에 다니며 재수할 생각이었다. 그렇게 입학 전 2

월 한 달을 노는데 너무 재밌었다. 다시 수험생이 되어 공부하기 싫었다. 입학하고 나니 더 재밌는 세상이었다. '재수는 무슨…. 다 적응하며 사는 거야.' 나 말고도 재수를 염두에 두고 입학한 친구들 역시 마음을 접고 대학 생활에 쉽게 적응했다. 그렇다면 제대로 학교생활을 해야겠지? 나는 대학 생활을 동아리 활동으로 멋지게 장식해보자는 야심 찬 포부로 대학 방송국에 지원했다. 서류 전형, 오디션, 면접까지 나름 절차를 갖춘 선발 기간은 3주 가까이 소요되었고 3월 마지막 주에 최종 합격을 통보받았다.

수업 시간마다 방송국에 갔다. 선배들이 교내 방송하는 걸 보며 고등학교와는 차원이 다르구나 하고 감탄했다. 한편으론 공강 시간이나 점심시간에도 모든 학교생활을 방송국 안에서 보낸다는 게 답답하지 않을까 걱정스러웠다. 금요일이 되었다. 신입생을 환영하는 자리를 마련했다기에 당연히 호프집에서 만날 줄 알았는데 학교 운동장으로 모이라는 것이다. 축구를 했다. 축구 경기 규칙도 모르는데 축구를 해야 했다. 가는 날이 장날이라고, 그날은 부슬부슬 비까지 내렸다. 2차 호프집은 거절하고 집으로 왔다.

다음 날 토요일 아침, 국장인 선배에게 전화를 걸어 그만두겠다고 말했다. 생각해보니 삐삐로 문자 호출을 한 후에 집 전화를 받던 시절의 이야기다. 선배는 일주일 만에 힘든 점이 있었느냐고, 해보지도 않고 그만두는 이유가 뭐냐고 물었다. 비 오는 날 축구를 한 게 정말로 싫었던 나는 있는 그대로 말했고, 선배는 말도 안 된다며 계속 웃었다. 나는 진심이었다. 몇 번의 만류에도 불구하고 그 후로는 대학 방송국과는 연을 맺지 않았다. 지금도 나는 비 오는 날 축구를 해야만 한다면 같은 결정을 하겠지만, 그 시절 내게 방송에 대한 간절함이 없었다는 것도 부인하지는 않겠다.

방송에 대한 막연한 이끌림으로 대학 4학년을 앞두고 KBS 방송 아카데미를 다녔다. 돌고 돌아 선택한 직업이지만 방송을 시작하고부터는 그 누구의 말에도 휘청거리지 않았다. 내가 좋아하는 일, 내가 잘할 수 있는 일, 내가 행복한 일을 제대로 찾았기 때문이다. 원하던 일을 하면서도 힘든 순간은 마주치게 된다. 하지만 집념과 끈기로 그 고비를 넘길 수 있다. 하고 싶은 일이 마음속에 버티고 있기 때문이다. 좋아하는 일을 한다는 건 이런 것이다. 아무리 힘들어도 투정하지 않는다. 선명하게 그려지지 않는 막막한 일을 풀어내기 위해 자꾸만 고민하고, 안 될 거라는 말을 들어도 한 번은 도전해보고 싶고,

그만해도 되는데 점점 더 큰 일을 벌인다. 좋아하는 일을 하는 사람은 설령 몸이 편하지 않더라도 마음은 행복하다.

꿈이라는 건 확실하고 또렷한 목표와는 다르다. 막연한 이 끌림과 홀린 듯한 흥분감일 수 있다. 꿈은 끊임없이 변하고 달라진다. 타고난 재능이 출중하지 않아도 된다. 뒤늦게 나의 길을 찾아 뚜벅뚜벅 걸어 나가도 되는 것. 그게 바로 꿈이다. 꿈이 일관성 있고 한결같다는 것만큼 위험한 일은 없다. 이룰 수 없기에 꿈이고, 변할 수 있기에 꿈이다.

6장 소심한 A형의 일기장

나는
프리랜서
방송인이다!

2005년에 개봉한 영화 「미스터 퀴즈왕」에서 한석규는 전업주부로 나왔다. 훤칠한 키와 잘생긴 외모, 해박한 시사 상식, 명문대 출신이라는 학력, 친절하고 매너까지 갖춘 주인공 진만. 방송국 아나운서인 능력 있고 예쁜 아내 수희(신은경). 딸 하나를 둔 진만은 이 시대 최고의 남성 전업주부다. 6년간 가사를 돌보며 체계적이고 과학적으로 주부의 업무를 해낸다. 그러던 진만은 장인의 수술을 위해 수희가 들었던 적금을 깨고 고수익을 보장한다는 친목계에 들었다가 그만 돈을 날렸다. 수습해야 하는 시간은 단 3주. 아내 몰래 이 사건을 수습하기 위해 친구와 머리 맞대고 고민하다가 거금 3천만 원을 마련할 해결책을 발견한다. 바로 주부 대상 퀴즈 프로그램 「주부 퀴즈왕」에 출연하는 것.

개봉 당시 친구와 함께 이 영화를 보았다. 인상적이었던 장면은 아내 수희가 방송국 아나운서로 일하면서 치열한 생존 경쟁을 하는 부분이었다. 영화를 같이 본 친구는 내게 "야! 방송국 세다. 너도 참 비참하게 일하겠구나"라고 말했다. 이 말을 듣고 기분이 묘해졌다. 영화 속 여자 아나운서들이 프로그램을 차지하려고 머리싸움을 하는 장면이 꽤 충격이었나 보다. 게다가 친구가 방송국에 다니고 있으니 측은한 마음이 들었나 보다. 정규직도 아닌 프리랜서 아나운서인 내가 친구 눈엔 얼마나 비참하게 보였을까. 나는 잠시 고민했다. "나 불쌍하게 일 안 해"라고 말하면 더 불쌍해 보일 것 같았다. "나 엄청 힘들어"라고 말하는 것도 거짓말이다. 사실 영화처럼 치열하게 밥그릇 싸움을 해본 적은 없다. 친구와 밥을 먹으면서도 나는 바보같이 웃기만 했다.

한참 더 지나서야 사람들이 여자 아나운서에 대해 영화 속의 모습처럼 생각한다는 사실을 알았다. 방송국은 프리랜서 형태로 일하는 사람이 유난히 많은 곳이다. 프리랜서든, 계약직이든 모두 업무를 능숙하게 처리해내지만 언제 없어질지 모르는 프로그램에 최선을 다할 뿐이다. 정규직의 고용 형태가 아님에도 방송국 출퇴근을 당당하게 여긴다. 나도 모르게 익숙해졌을 뿐, 고용의 측면에서는 언제라도 오늘이 마지막 날일 수 있다. 프리랜서의 삶은 자유로워 보이지만 위태위태하기도 하다. 정규직과 비정규직이 다르듯, 정규직과 프리랜서도 큰 차이가 있다.

　정규직이었다면 어땠을까? 우선 출퇴근 시간이 일정해 생활이 편했을 것이다. 다행히 라디오 프로그램은 정해진 시간대에 일하기 때문에 비슷한 패턴이 있다. TV는 다르다. 현장 촬영을 다닐 때는 방송 요일이 정해져 있더라도 촬영이 일요일에 잡혔다가 수요일에 잡혔다가 들쭉날쭉하다. 아무것도 계획할 수 없다. 운동을 배우려 해도 요일과 시간을 정할 수 없고, 친구와 만나려 해도 스케줄 조정하기가 힘들다. 취미 생활을 시작하려고 해도 아무 때나 오라고 하는 곳은 없다. 요일과 시간을 정해야 하는데 프리랜서는 매일의 스케줄이 다르다. 시간이 자유로운 이면에 언제라도 일이 변동 가능하다는 단점이 있다. 자유와 구속을 동시에 지니고 있다. 방송 일을 하면서 학창 시절 친구들 만날 기회가 줄었다.

프리랜서는 정규직이 아니기에 소속감을 느끼기 힘들다. 정규직이었다면 나에게도 동기와 선후배 같은 관계가 생겼을 거다. 신입으로 들어온 새파란 정규직들은 나랑 10년 동안 같이 일해온 분들에게 서슴없이 '선배'라고 불렀다. 프리랜서들이 가장 곤란해하는 게 바로 호칭이다. 같은 회사에 소속된 직원이 아니고, 그 회사에서 뽑은 아나운서도 아니기에 나는 누구에게도 선배라는 호칭을 사용하지 않았다. 신입사원들이 들어와 누군가에게 "선배, 선배!" 할 때면 가끔은 그들의 소속감이 부럽기도 했다. 아쉬움과 부러움이 남았지만, 프리랜서이기에 얻은 것 또한 일일이 열거하기 힘들다.

프리랜서 방송인이라는 타이틀은 나에게 많은 걸 남겼다. KBS, iTV, EBS, MBN 등 동시에 방송국 네 곳의 일을 할 수 있었고, 뉴스와 MC, 리포터와 DJ를 동시에 경험했다. 프리랜서라서 하고 싶은 일을 다 맡지 못하는 대신, 하기 싫은 일을 하지 않을 수도 있었다. 종종 PD들한테 굽실거려야 일 하나라도 더 건진다는 사람들이 있는데, 프리랜서들도 사람 가려가면서 일한다. 우리에게도 '블랙리스트'가 존재한다는 말이다. 해당 회사에서 불이익당할까 봐 싫은 마음 숨겨가며 억지로 일할 필요가 없다. 나가기 싫은 회식에 참여하면서 분위기 띄울 이유도 없다.

함께 일하기 싫은 PD와는 아예 일하지 않으면 된다.

물론 이 모든 사항은 내가 선택하고 책임져야 할 부분이다. 프리랜서라는 형태의 직업은 훨씬 더 많은 선택의 갈림길에서 고민해야 하는 일이다. 당연히 그 책임도 온전히 혼자서 감당해야 한다. 급여 역시 고정된 금액이 보장되지 않는다. 적을 때도 있고 많을 때도 있다. 그래도 부지런히 산다면 허투루 버려지는 시간 없이 세 아이 키우면서도 할 수 있는 일이기에 내가 걸어온 프리랜서 방송인이라는 타이틀을 고맙게 여긴다. 프리랜서를 불쌍하게 보는 눈빛은 거절하겠다.

이제는 여성들이 출산 후에도 제자리로 돌아가기 쉬운 세상으로 바뀌어가고 있다. 아빠들의 육아휴직도 가능해졌다. 여전히 현실은 힘들다. 법적으로는 육아휴직 기간을 보장하게 되어 있지만 후배들이 육아휴직 기간이 끝나갈 때쯤 복직하느냐 마느냐 고민할 때마다 안타깝다. '왜 파트타임으로 전환할 수 없는 걸까?' '육아휴직 대신 오전이든 오후든 4~5시간씩 할 일만 하고 퇴근할 수 있는 기간을 보장해주면 어떨까?' 휴일 근무할 때 직장인의 업무 효율성이 훨씬 좋다고 한다. 굳이 사람들과 커피 마시며 얘기하는 데 시간을 쓰지 않아도 되고, 점심을 먹기 싫으면 안 먹어도 그만이라 오히려 휴일 업무가 훨씬 집중이 잘된단다.

주변 남자들 대부분은 파트타임 근무에 대한 내 생각에 반대한다. 남편조차 그렇다. 일의 맥이 끊긴다고 말이다. 그래도 새로운 직원을 뽑아서 가르치기보다 기존 직원을 파트타임 형태로 고용한다면 효율성도 커지지 않을까? 20년 가까이 프리랜서로 살아보니 나쁘지 않았다는 생각에서 해본 말이다. 순전히 내 견해일 뿐이다.

영화 「인턴」을 보면 의류 회사의 30대 CEO(앤 해서웨이)와 70세의 인턴(로버트 드 니로)이 대비되어 등장한다. 수십 년간의 직장 생활에서 비롯된 노하우와 나이에서 비롯된 인생 경험이 있는 나이 든 인턴은 젊은 CEO의 마음을 얻었다. 계약직이지만 그동안의 경험을 누구도 무시할 수 없다. 반일제, 계약직, 격일제 등의 고용 형태보다 더 중요한 건 '어떤 일을 할 것인가?'다.

마흔 넘은 '프리랜서, 현직, 방송 진행자'인 나를 부를 만한 호칭이 마땅하지 않아서인지 나에게 '선배'라고 부르는 어린 후배들이 종종 있다. 이들이 나를 그냥 언니 정도로 여기면 좋겠다. 직장 선배가 아닌 함께 일하는 동료, 아니 아껴주고 챙겨주는 '인생의 언니' 같은 존재로 불리고 싶다.

끝보다 더 애틋한,
끝에서 두 번째

어려서부터 숱하게 들어온 명언이 있다. "오늘이 마지막
인 것처럼 살아라" 혹은 "지금이 마지막 순간인 것처럼 최선
을 다하라"라는 말. 모든 사람이 죽는 날이 정해져 있고 그 날
짜를 안다면 지금 이 순간 최선을 다하지 않을까. '마지막'이
라는 말에 담긴 간절하고 절박한 마음이 사람들을 더 열심히
살게 만든다.

그런데 나는 마지막 뒤에 찾아오는 아쉬움과 공허함이 싫
다. 가장 절실한 순간에도 이것이 마지막이 아니기를 바란다.
언제나 '마지막에서 두 번째면 좋겠다'라고 생각하며, 그 뒤에

한 번 더 남아 있을 진짜 마지막을 기대한다. '마지막에서 두 번째'라고 생각하는 게 내가 평상심을 잃지 않고 마지막을 맞이하는 방법인지도 모르겠다.

영화 속의 이별도 그러하다. "오늘이 우리의 마지막 날이야" 말하고 헤어진 연인은 훗날 우연히라도 다시 만나게 된다. 오히려 마지막이라고 상상도 못 했던 일들이 마지막이 되곤 한다. 군대 간 남자 친구에게 "이게 마지막 편지야"라고 쓰는 여자 친구는 거의 없다. 평소처럼 아무렇지도 않게 면회하고 돌아와서는 혼자 마음을 접는다. 마지막이지만 마지막이라는 말 없이 그렇게 헤어진다. 군대 안에 있는 남자는 마지막 편지라고 생각도 못 한 채 이별을 맞는다. 시간이 한참 지나고 나서야 그때가 마지막이었다고 회상할 뿐.

그래서 웬만해서는 마지막이라는 말을 남기지 않나 보다. 학창 시절의 조회 시간 교장 선생님의 지겨운 훈화처럼 "마지막으로, 마지막으로"를 반복하고 싶지 않다. 아, 내 프로그램 애청자들은 안다. 내가 끝에서 두 번째 곡을 얼마나 신경 써서 고르는지. 끝날 때까지 끝이 아니라는 말처럼, 우리가 마지막이라는 큰 의미를 부여했던 모든 것들은 진정한 마지막이 아닐 수 있다. 그저 마지막에서 몇 번째일 뿐.

순간의
음악이 모여
인생의 BGM이 되었다

　라디오 DJ로 살아가고 있지만 재담꾼은 아니다. 어릴 때
부터 또박또박 똑 부러지게 말 잘하는 아이는 결코 아니었다.
있는 듯 없는 듯했다. 툭하면 울고, 툭하면 삐쳤다. 생각을 조
리 있게 말하지 못했다. 사람들이 내 얘기를 듣고 모여들게 하
는 재주는 없었다. 중, 고등학교 시절 내 번호가 들어가 있는
날이면 긴장했다. 흔히 선생님들이 그날 날짜에 해당하는 번
호의 학생을 불러 발표를 시켰기 때문이다. 내 차례가 되어도
다행히 울지는 않았다. 겉으로는 떨지 않는 것처럼 보였겠지
만 속으로 나는 엄청 떨었다.

그런 내가 고등학생 때 방송부 활동을 했다. 방송부원으로 지내면서 남들보다 목소리가 큰 걸 알았고 자신감도 생겼다. 삐삐 세대로 불리던 96학번 새내기 시절 남들보다 목소리 톤이 높다는 사실도 알게 됐다. 톤이 높고 우렁찬 목소리. 그게 나의 기본적인 목소리 재료였다. 방송 일을 시작하면서 비로소 내 목소리가 다른 사람의 기분을 좋게 해준다는 걸 알았다. 일하면서 자연스레 다양한 분위기의 목소리를 갖게 되었다. 크기와 높이 조절이 가능한 목소리, 남들에게 호감 주는 목소리를 가진 것은 말로 먹고사는 일을 선택한 내게 행운이었다. 거기다가 음악을 좋아해서 중, 고등학교 내내 라디오와 카세트테이프, 레코드판을 끼고 살았던 내가 음악을 가까이하는 라디오 DJ가 된 것은 운명이다.

음악에 빠졌던 10대 시절, 잊히지 않는 사건 하나가 있다. 고3 늦여름이었다. 학교에서 10분 정도 떨어진 곳에 음반 가게가 있었다. 음반이 들어오는 날을 손꼽아 기다리던 설렘은 겪어본 사람들만 알 수 있다. 누구보다도 먼저 손에 넣고 싶은 마음이 컸다. 손꼽아 기다리던 「W.H.I.T.E」 2집 앨범이 들어오기로 한 날 점심시간, 외출증까지 받아서 음반 가게에 다녀왔다. 「응답하라 1994」 등의 응답 시리즈로 90년대 음악들이

다시금 주목받으면서 문득문득 그 시절이 떠오른다. 음반 가게에 가면서 선생님께 어떤 핑계를 댔던가? 아마 준비물을 사러 간다거나, 아파서 병원에 다녀온다고 했겠지.

「W.H.I.T.E」 2집은 지금 들어봐도 어느 하나 버릴 곡이 없는 명반이다. 그대도 나 같음을, 지금은 새벽 3시 반, 비 오는 날 보는 우울한 영화, 7년간의 사랑, 한다고 했는데, 사랑 그대로의 사랑, 세상은 part 1, 2, 이해와 수용, 호기심, 애인이 있는 줄 알았는데, 그랬나요 등 꼬리에 꼬리를 무는 명곡들은 납득이 가는 순서로 마음을 들었다 놨다 한다. 첫 곡 '그대도 나 같음을'을 들을 때부터 '어떡하지?' 싶었다. 눈물이 쏟아질 것 같았다. 한 곡 한 곡 이어질 때마다 노랫말 사연에 빠져들었다. 야간 자율학습 중인 현실을 잊은 채 '사랑 그대로의 사랑'에서는 급기야 터져버렸다. 피아노 반주에 실려 나오는 시 같은 가사. '내가 당신을 얼마만큼 사랑하는지 당신은 알지 못합니다'로 시작되는 가사에 감정이 폭발했다.

고3, 열아홉 살의 감성은 아니었던 것 같다. 싱어송라이터 유영석. '푸른하늘' 해체 이후 새로 만든 2인조 그룹 화이트를 통해 발매한 2집 앨범을 나는 최고라 여긴다. 여기 수록된 '7년간의 사랑'은 이후 여러 가수가 리메이크해 불렀지만,

누구도 원곡 이상의 감흥은 줄 수 없었다. 나는 지극히 '원곡 제일주의자'다.

당시 내 친구들은 '서태지와 아이들' 이야기로 무리를 지어 다녔다. 나는 부활의 '슬픈 사슴', 이승철의 '그대가 나에게' 이런 곡들을 훨씬 더 좋아했다. 그때부터 나만의 음악적인 취향과 색깔이 분명했다.

중학교 3학년 때의 일도 기억난다. 신체검사 날이었다. 체중을 재고, 키를 재고, 시력을 재고 반마다 순서를 기다리는 동안 교실에서 가만히 자율학습을 해야 했다. 그런데 조용히 이어폰으로 음악을 듣던 내가 흥을 감추지 못하고 소리를 내어 노래를 따라 부른 것이다. 이어폰을 끼고 노래를 부르면 어떻게 될까. 나도 모르게 감정에 몰입하면서 목소리가 커진다. 고요했던 교실에 갑자기 마이클 볼튼의 'love is a wonderful thing'이 울려 퍼졌다. 음원도 아닌 생음악으로. 있는 듯 없는 듯 조용한 학생이었던 나의 돌발 행동에 자율학습 감독으로 오신 선생님도, 반 친구들도 모두 깜짝 놀랐다. 나는 머릿속이 텅 비고 눈앞이 하얘지는 경험을 했다.

라디오를 진행하다 보면 노래와 함께 떠오르는 청취자들이 있다. 예를 들어 권진원의 '살다보면'을 신청하는 분은 매번 같은 노래를 신청하시기에 아예 전화번호 뒷자리를 외워 버렸다. 전화번호 뒷자리 6029를 쓰시는 분. 누구인지 모르겠지만 아마도 특별한 사연이 있는 노래라서 매번 신청하시는 게 아닐까?

어릴 때부터 음악을 좋아하던 내가 라디오 DJ를 십 년 넘게 하면서 40대를 보내게 될 줄 누가 알았을까. 10대 시절의 나는 40대의 나를 상상할 수가 없었다. 혹시 음악 듣는 걸 좋아하는 중, 고등학생들이 있다면 충분히 심취해 빠져들어도 좋다고 말해주고 싶다. 이어폰을 끼고 노래 듣는다고 혼난 적도 많았다. 공부할 때 집중 안 하고 음악 듣는다고 꾸지람을 들은 적도 많다. 하지만 10대 시절 좋아하는 음반이 나오면 손꼽아 기다렸다가 구해 듣고 수백 번을 반복해 들으며 흥얼거렸던 추억, 노랫말에 빠져들면 세상은 보이지도 않았던 그 일이 결국 지금의 나를 만들었다. 매일 혼자만의 라디오 부스에서 좋은 노래를 선곡하고 청취자에게 들려줄 수 있기에 행복하다. 눈에 보이지 않는 청취자들을 만나고 목소리와 노래로 연결된 사이. 누가 뭐래도 라디오 DJ는 내게 최고의 직업이다.

S맨이
세상 밖으로 나온 길,
El Camino

　공대 대학원 출신의 남편은 대기업의 책임연구원이었다.
예나 지금이나 어른들에게 S전자는 자랑할 만한 회사였다.
"돈 많이 벌겠네. 보너스가 그리 많다며?" 그럴 때면 나는 늘
"일한 만큼 벌던데요. 그만큼 일했으면 받을 만해요"라고 답
했다. 살아보니 일한 만큼 벌지 못하는 경우도 수두룩하다.
남편은 S맨으로 사는 12년 동안 바쁘면서도 평온했고, 안정
적이면서도 일탈을 꿈꿨다.
　남편과 나는 사람들을 만나 어울리고 놀러 다니는 걸 좋아
했다. 아이 셋이 모두 어렸을 때도 우리는 한 달에 한 번은 친

정에, 또 한 번은 시댁에 아이들을 재우고 친구들과 어울렸다. 심야 영화도 보고 공연도 보고 술도 마시고. 그러다 자연스럽게 와인 모임에 참여하게 되었는데 남편에게 또 다른 재능이 보였다. '김 수한무 거북이와 두루미 삼천갑자 동방삭 치치카포 사리사리센타 워리워리 세부리캉 무두셀라 구름이 허리케인 담벼락 서생원에 고양이 바둑이는 돌돌이….' 나에게는 그저 의미 없는 긴 이름의 와인인데 남편은 어느 나라, 몇 년산, 무슨 품종, 코르크 길이, 병 디자인, 거기에 향, 색, 맛까지 차곡차곡 기억하는 것이었다.

어느 날 남편이 말했다. "회사 그만두고 카페 할까? 낮에는 커피, 밤에는 와인, 어때?" 세상에 두려운 게 별로 없는 나는 "그래! 인생 한 번 살지, 두 번 사냐? 관둬! 카페 하자. 재밌겠다"라고 응했다. 남편의 창업을 반기는 아내! 사실 S맨으로 사는 12년 동안 남편은 조직에 적합한 사람이 되어갔다. 깔아 놓은 판에서 놀 수는 있지만 스스로 판을 깔지 못하고, 남들 눈에 튀는 걸 어색해하고, 취미를 하나씩 잃었다. 내가 알던 원래의 남편 모습이 하나씩 사라져가는 중이었다. 나는 카페를 차리고 싶어서라기보다 남편이 빨리 재밌는 세상으로 나오기를 바랐는지도 모른다. "카페 할까?"라는 말에 놀고 먹고 마시고 흥겨운 일을 좋아하던 내가 더 반가웠다. "사람은 좋아하는 일을 하고 살아야지"라고 적극적으로 권했다.

시부모님은 반대하셨다. "그 회사를 그만두는 게 말이 되느냐? 우리 집안에서 물장사가 웬 말이냐?"라는 이유로 2년 넘게 말렸다. 다 큰 어른이 왜 부모님 허락을 받느냐고 할 수도 있겠지만 나는 지금도 부모님이 싫어하시는 일을 하지 않는다. 모르게 숨길 수 있는 게 아니라면. 그렇다고 이미 돌아선 마음을 접을 수는 없었다. 망하든 성공하든 경험은 배움이다. 인생의 큰 수업료가 필요한 일이다.

카페를 하는 2년 동안, 여름이면 S전자에서 직원들에게 초특가로 나오던 물놀이장 티켓이 아쉽기도 했고, 연말이면 보너스가 그립기도 했다. 하지만 그때 그만두지 않았더라도 과연 지금까지 S전자를 다니고 있을지는 미지수다. 이런저런 이유로 우리의 카페 'El Camino'는 딱 2년 하고 접었지만 소중한 추억으로 남아 있다. 카페 이름은 남편이 지었다. 스페인어로 '길'이라는 뜻. 2년간 함께한 El Camino는 내 남편이 회사에서 세상으로 나오는 길이 되어주었다.

세상을
빵빵하게 만드는
빵집 아저씨들

가정 형편이 어려웠던 한 소년이 친구와 함께 산에 올랐다. 친구와 함께 빵을 먹던 소년은 '이 맛있는 빵을 매일매일 먹으면 얼마나 좋을까? 팔다 남은 빵 말고, 갓 구운 맛있는 빵을 말이야' 행복한 상상을 했다. 이 소년은 커서 의사가 되었다. 그의 곁엔 마음 맞는 동료들이 모여 그야말로 빵빵한 세상을 만들어가고 있다.

세상이 흥미로운 건 내가 모르는 분야가 아직도 많기 때문이다. 딸 셋인 집에서 자라온 나는 아직도 오빠라는 호칭이 어색하다. '오빠, 오빠' 하다가 '아빠' 된다는 어른들의 농담 때문일지는 모르지만, 특히 사회생활을 시작하고부터는 오빠라고 부르는 사람이 많지 않다. 그런데 내 나이 마흔하나에 '오빠들'을 수두룩하게 만났다. 물론 그들에게 오빠라고 부르지도 않고, 앞으로도 오빠라 부를 일은 없을 것이다.

오빠들은 월미도 구석진 동네의 제일 싼 땅에 건물을 지었다. 빵 만드는 공간을 마련한 것이다. 그리고 호텔 파티시에로 정년퇴직하신 명장님을 모셔 와 최고의 빵을 만들어낸다. 이 빵은 인천 전 지역의 지역아동센터와 자활꿈터(그룹홈) 그리고 소년·소녀 가장에게 보내진다. 자활꿈터는 보호가 필요한 소년·소녀들의 공동생활 가정이다. 그 고마운 뜻을 함께하겠다는 분들이 한 달에 5000원, 10000원씩 정기후원을 하면서 더 많은 아이에게 빵을 보낼 수 있게 되었다.

빵집 오빠들은 후원자들에 대한 감사 표현도 잊지 않는다. 한 달에 한 번 후원자들을 위한 작은 콘서트를 마련하는데, 나는 콘서트를 진행해줄 수 있느냐는 부탁을 받고 처음 인연을 맺었다. 진행을 의뢰한 분들이 어떤 사람인지 알아야 콘서트가 원활하게 이뤄지기 때문에 사전 인터뷰를 했는데, 드라마도 아니고 믿기지 않는 감동 스토리였다. 처음엔 순수하게 받아들이지 못했다. '다들 의사, 약사, 변호사 등 직장이 있는 사람들인데 일은 언제 하고 빵집은 언제 한다는 거야?'라고 생각했다. 듣기 좋게, 보기 좋게 적당히 부풀려진 얘기로 여기던 나는 몇 달이 지나고 나서야 알았다. 그들이 진심으로 봉사하고 있다는 것을. 그들의 진정성을 알고 나니 죄송한 마음이 들었다.

어린 시절의 꿈을 이루기 위해 시작한 그들의 발길에는 마음을 함께하는 사람들이 점점 늘어갔다. 다양한 직군의 봉사자들이 모여 그 뜻은 더욱 단단해졌다. 오빠들은 정말로 꿈에 취해 있었다. 어떻게 하면 후원자를 늘릴 수 있을까, 어떻게 하면 더 많은 빵을 더 빨리, 더 따뜻하게 보내줄 수 있을까, 어떻게 하면 후원자들에게 더 멋진 공연을 선물할 수 있을까를 진지하게 고민했다. 지금도 나는 이곳으로 나를 부른 부활의 드럼 연주자 채제민 님, 영화감독 봉만대 님과 함께 한 달에 한 번 재능기부로 콘서트를 진행하고 있다.

여전히 알면 알수록 믿을 수 없는 곳이다. 누군가에게 설명하기도 조심스럽다. 처음의 나처럼 말도 안 되는 얘기라고 여길 게 뻔하니까. '있는 사람의 여유'라고 콧방귀 뀌는 사람도 있을 거다. 하지만 '더 있는' 자들도 '더 챙겨 먹으려' 하는 요즘 세상에서 이들이 가진 따뜻한 마음을 차갑게 바라볼 이유는 없다.

　지금도 월미도의 작은 빵집은 달콤하고 구수한 빵 냄새를 풍기고 있다. 맛있는 빵을 마음껏 먹고 싶다던 수십 년 전 어느 소년들의 꿈처럼 이 빵을 먹는 아이들의 꿈도 이뤄지길 바란다. 이곳의 빵은 그저 배를 채워주는 음식이 아니다. 희망과 응원의 마음이 온 세상으로 퍼지는 마법의 빵이다. 이제 중년이 된 그 시절 소년들은 보이지 않는 곳에서 세상 온도를 1도씩 높여가고 있다. 약은 약사에게 진료는 의사에게, 밥은 엄마에게 공부는 선생님에게, 노래는 가수에게 진행은 MC에게, 그리고 꿈은… 꿈을 꾸는 모든 이에게.

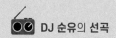 **DJ 순유의 선곡**

오늘 하루 내 다이어리를
대신해주는 노래

아줌마라고 가계부만 쓰는 줄 아셨죠? 가계부는 안
써도 일기는 씁니다. 며느리에게도 안 가르쳐주는
이야기, 남편에게도 말해주지 않는 이야기. 소심한
여자에게는 일기장이 있습니다.

♫ 악동뮤지션 - 오랜 날 오랜 밤 (작사,작곡/이찬혁)

♫ 전람회 - 하늘 높이 (작사/서동욱, 작곡/김동률)

♫ 처진 달팽이 (유재석&이적) - 말하는 대로 (작사/이적, 유재석, 작곡/이적)

♫ 임상아 - 나의 옛날이야기 (작사,작곡,원곡/조덕배)

♫ 어떤날 - 초생달 (작사,작곡/조동익)

7장

꿈꾸는
사람들의
아름다운 세상

5남매를
데리고
공연장에 온 여자

아마추어 극단의 연극을 봤다. 연극 제목은 '사람들'. 내
용은 우리 주변을 살아가는 아주 평범한 사람들의 꿈 이야기
였다. 30년 지기와 크루즈 여행을 꿈꾸는 사람, 경찰 공무원을
꿈꾸는 취업 준비생 등 동네 공원을 걷다 보면 쉽게 만날 법한
평범한 이웃들의 꿈 이야기. 아마추어 극단의 공연이라는 편
견에 큰 기대 없이 보았다. 막이 오르고 배우들의 대사가 시작
되면서부터 나도 모르게 연극에 빠져들었다. 40분이라는 짧지
않은 시간 동안 다양한 감정이 오고 갔다. 성적 비관으로 아들
을 잃은 엄마의 심정에 울컥하기도 했고, 크루즈 여행을 위한

적금을 든 친구들의 행복한 모습에 나도 같이 설레기도 했다. 객석에 있던 사람들 또한 비슷한 심정이지 않았을까? 나는 곧 마이크를 들고 MC로서 내 순서를 진행했다.

"꿈이 있나요?"라는 내 물음에 조용하던 객석에 움직임이 느껴졌다. 맨 앞자리에서 눈을 반짝이며 지켜보던 한 젊은 엄마에게 물었다. 그분은 마치 나와 짜고 나온 것처럼 당당히 일어나 자기소개를 했다. "저는 다섯 아이를 키우고 있는 엄마입니다. 저는 꿈이 있어요. 원래도 있었지만, 아이들을 키우면서 꿈이 더 많아졌어요. 다들 애 키우면서 너무 힘들다고 하시는데, 저는 애가 있다고 못할 일은 없다고 생각해요. 저는 나중에 꽃집도 하고 싶고 제 이야기로 강연도 하고 싶어요. 지금은 애들을 키우는 게 정말 행복해요. 열심히 준비해서 꼭 멋진 강연을 하는 게 제 꿈입니다"라고 씩씩하게 말했다. 마치 미리 준비했다는 듯이. 기회를 안 줬다면 서운해했을 것 같은.

대답을 들으며 계속 눈물이 흘렀다. 내가 진행하다가 눈물을 흘리는 일은 흔치 않다. 그것도 핀 조명이 들어와 내 얼굴이 빤히 보이는 무대 위에서. 그녀의 진심 어린 발표에 큰 응원을 보냈다. 자세히 보니 앞줄에 앉아 있던 다섯 아이 모두 그녀의 아이들이었다. 그녀의 얼굴은 육아에 찌든 표정이 아니라 행복감 자체로 빛났다. 내가 가장 사랑하는 엄마의 모습이다. 아이와 함께 성장하고 아이와 함께 꿈꾸며 아이와 독립된 자신의 꿈을 향해 가는 엄마. 참 아름다운 이름이다.

여자는
두 번 태어난다

　사흘간 이어지는 축제의 진행을 맡은 적이 있다. 둘째 날, 한 여성분이 나를 찾아왔다. "긴가민가했는데 집에 가서 생각해보니까 맞더라고요. 3년 전에도 어떤 행사 때 뵌 적 있어요. 제가 마흔을 앞두고 있었는데 결혼하고 아이 키우다가 다시 밖으로 나가고 싶던 때였거든요. 뭐라도 하고 싶었는데 그때 해주신 말이 자극이 됐어요. 아기 키우면서도 꿈을 잃지 말라고 하신 말이 잊히지 않아요. 저, 지금은 취미로 연극도 하고 다른 활동도 하면서 재밌게 살고 있어요. 저 혼자 너무 반가운 마음에 오늘 꼭 다시 와서 이 얘기를 하고 싶었어요"라고 말했다.

반가운 마음이 든 건 그녀만이 아니었다. 그 이야기를 듣고 나도 무척 설레었다. 우리는 가정이라는 테두리를 벗어나고 싶을 때가 있다. 세상 밖으로 나가는 것의 진정한 의미는 내면 깊숙이 있는 나의 본질을 찾아가는 과정이기도 하다. 세상의 모든 엄마가 하루빨리 좋아하는 일을 할 때의 떨림을 다시 느끼면 좋겠다. 육아에서 보람을 느끼기도 하지만 그것만으로는 2% 부족하다는 생각이 들 때 나를 꽉 채워줄 수 있는 게 무엇인지 고민해볼 필요가 있다.

루소의 《에밀》에서도 이야기한다. '우리는 말하자면 두 번 태어난다. 한 번은 존재하기 위해 태어나고 또 한 번은 생활하기 위해 태어난다'라고. 자신의 존재를 입증하기 위해서 살아가는 것이 두 번째 탄생이다. 어쩌면 나는 세 아이를 낳고 기르면서 새롭게 태어나는 과정을 거치는 중인지도 모른다. 내가 어떤 사람으로 변화할지 알 수 없다.

지역맘 카페에서 '77년생 엄마들 뭐가 제일 고민인가요?'라는 제목의 글을 본 적이 있다. 대부분 아이의 양육 및 남편과 시댁이라는 표면적인 걱정 이면에 근본적인 존재의 불안함이 컸다. 여자들 인생의 최종 목표가 엄마는 아니다. 학교를 다니고, 치열하게 일하고, 수많은 경험을 하면서 살아온 여성들이

"나는 엄마가 되기 위해 공부해왔어"라고 말하진 않을 거다.

때로는 아이를 낳고 키우는 일에 공허함을 느끼는 분들이 있다. 반복되는 허드렛일과 보상 없는 하루하루가 자신에게 큰 의미가 없다고 생각한다. 평생 살림하고 애 키우다가 죽는 건 아닐까 하는 불안까지 든다. 그렇지만 엄마가 된 사건은 인생의 과정 중 하나이지, 완성된 결과물이 결코 아니다. 모든 여자는 두 번 태어난다.

엄마 배 속에서 열 달을 살고 나와 세상살이를 시작하는 게 인간의 첫 번째 탄생이라면 여자에게는 두 번째 탄생이 있다. 기간이 거의 일정한 첫 번째 탄생과는 다르게, 여자들의 두 번째 탄생은 10년이 걸릴지 20년이 걸릴지 아무도 모른다. 하지만 얼마나 걸리든 조산이나 만산이 아니다.

백 세 인생,
어른에게도
자유학기제가 필요해

2008년부터 나는 아나운서를 준비하는 학생들을 가르치고 있다. 대부분 대학을 다니면서 아나운서 공채 시험을 준비하는 학생들이다. 간혹 말을 잘하고 싶은 직장인이나 전문직을 가진 사람들이 방송 인터뷰나 강의를 준비하기 위해 배우러 오기도 한다.

성심성의껏 밀착 지도를 하다 보면 빠르든 더디든 변화가 나타난다. 학생들도 자신들의 변화를 스스로 느끼기 때문에 더욱 열심히 연습한다. '천재는 97%의 노력과 3%의 영감으로 이루어진다'고 에디슨이 말했다. 그가 강조하고자 한 것은 97%의 노력이었을까, 아니면 3%의 영감이었을까? 노력하는 사람들을 많이 봐왔다. 확실한 건 타고난 부분이 있다는 점이다. 학창 시절에 제일 싫어했던 말이 "아무리 열심히 해도 머리 좋은 애 못 따라가고, 아무리 머리가 좋아도 운 좋은 애 못 따라간다"라는 말이다. 부정할 수 없는 참의 명제였다. 살아보니 이건 어느 영역에서도 빠지지 않는 진리였다. 지금도 인정하고 싶지 않지만. 재능의 영역은 분명 있다. 재능이 있는 사람과 재능이 아예 없는 사람이 같은 일을 선택했을 때 결과는 판이하다.

방송인 배칠수 씨랑 얘기를 나눈 적이 있다. "성대모사는 얼마나 연습하세요? 목소리 관리는 어떻게 하세요? 성대모사에서 배칠수 씨 뒤를 이을 만한 후배로 누구를 꼽으세요?" 내 질문에 그는 역으로 물었다. "순유 씨는 언제부터 목소리가 좋았어요?" 예상치 못한 질문을 갑자기 받자 답을 찾기 힘들었다. 누구도 나에게 언제부터 목소리가 좋았느냐고 물어본 적이 없었다. 곧이어 배칠수 씨는 "아마 황순유 씨는 원래 좋았을 거예요. 방송 일을 하면서 더 열심히 노력하고 연습했겠지만, 기본적으로 타고난 음성이 좋았을 거예요. 나도 그래요. 성대모사는 포인트를 잘 짚고 그걸 살려내는 재주가 필요해요.

그걸 본능적으로 잘하는 친구들이 있어요"라고 말했다. 뭐랄까, "열심히 하면 잘할 수 있을 거야"라는 대답보다 훨씬 현실적이었다. 시도해보지도 않고 좌절하라는 얘긴 아니다. 내가 무엇을 더 잘하는지 진지하게 고민하고, 잘할 수 있는 일과 하고 싶은 일을 찾아나가라는 것이다. 재능이 조금 모자라면 노력으로 더 채우면 되지 않겠는가.

적성과 역량의 차이도 생각해보아야 한다. 둘은 비슷한 듯 다르다. 적성이란 '어떤 일에 알맞은 성질이나 적응 능력'이라고 정의되어 있다. 적응 능력이라고 해도 좋을 것이다. 역량은 어떤 일을 해내는 힘이다. 한계 상황에 달했을 때 해낼 수 있는 사람과 해내지 못하는 사람이 있다. 포기하지 않고 끝까지 결과를 내려는 사람은 근성이 있다고들 한다. 어느 자리에 있느냐에 따라 적성이 요구되기도 역량이 요구되기도 한다. 직업을 택할 때는 나에게 맞는 적성을 고려해야 하고, 직원을 뽑을 때는 역량 좋은 사람을 뽑아야 한다. 물론 적성에 맞고 역량도 뛰어나다면 금상첨화겠지만.

77년생 내 친구들은 이제 기업에서 부장 이상의 직급에 올라서고 있다. 그러면서도 항상 불안에 떤다. 남자 동창들은 "언제 나가라고 할지 몰라. 나가면 닭 튀겨야 해"라고 우스갯소리를 한다. 여자 동창들은 "몰라. 나 일 잘 못해. 몇 번이나 때려 치우고 싶었는데 그냥 우리 나이엔 안 나가고 버티면 이만큼 올라가 있더라"라고 겸손하게 말한다. 이것이 바로 우리네 현실이다. 적성에 맞는 직업을 택해서 행복하게 일하는 사람들이 몇 명이나 될까? 적성 따지다가 아무 일도 못 할 수 있다.

대학교도 그렇다. 꼭 원해서 전공을 선택한 이들보다 성적에 맞춰서 선택한 이들이 더 많았다. 전공이나 직업에 대한 정보가 부족했다. 시험 잘 보는 방법에 최적화된 시스템으로 살아온 10대들이 자신의 인생을 설계할 넓은 안목이 있겠는가? 대학에서도 복수전공이나 전과의 기회는 학점이 우수한 학생들에게 주어진다. 적성에 맞지 않고 학과 공부에 힘들어하는 학생들에게 다른 전공을 선택할 기회를 주는 것이 아니라, 이미 잘하는 학생들이 무기를 하나 더 챙길 기회를 얻는다는 아이러니한 현실이다. 패자부활전이 아니라 이미 가진 자가 복수전공으로써 기회를 한 번 더 얻는 셈. 득템이다.

마지못해 일하는 어른들이 많다. '처자식 먹여 살리기 위해'라는 진부한 70년대식의 대답이 아니더라도 내가 마땅히 뭘 잘하는지 모르고들 산다. 자신이 진짜 좋아하는 일을 해본 적 없다고 말하는 어른도 많다.

최근 중학교, 고등학교까지 자유학기제 혹은 자유학년제가 시행되고 있다. 이러한 제도가 만들어진 이유는 뭘까? 단 한 번의 선택으로 인생이 결정되는 것은 한 사람의 삶에서 막대한 손해다. 자유학기제는 덴마크의 '애프터스콜레'와 같은 제도에서 나왔다고 한다. 행복지수 1위인 덴마크는 여유롭게 자신의 인생을 살 수 있도록 보장하는 사회적 환경을 제공한다. 애프터스콜레라는 프로그램은 중학교에서 고등학교 갈 때 1년간 인생 설계법을 배우는 학교다. 대학을 가기 전에도 들어갈 수 있는, 청년들의 1년짜리 '인생 설계 기숙학교'도 있다. 직장을 다니다 실직하면 '성인 공립학교'와 같은 곳을 다닐 수도 있다. 심지어 인생 2모작, 3모작을 준비하는 성인을 위해 마련된, 3개월에서 1년짜리 공립학교 애프터스콜레도 있다. 단순히 돈과 밥벌이 수단을 찾는 것이 아니라, 어떤 인생을 살지 진지하게 생각할 시간을 갖게 하는 시스템이다.

자유학기제, 자유학년제는 중학생보다 성인들에게 더 필요한 제도가 아닐까? 이젠 인생이 길어졌다. 더 길어질 것이다. 느지막이 성공한 가수 이애란 씨의 '백세인생' 가사가 떠오른다. '못 간다고 전해라'라는 중독성 있는 후렴구는 '~라고 전해라' 등으로 다양하게 패러디되었다. '육십 세에 저세상

에서 날 데리러 오거든 아직은 젊어서 못 간다고 전해라. 칠
십 세에 저세상에서 날 데리러 오거든 할 일이 아직 남아 못
간다고 전해라. 팔십 세에 저세상에서 날 데리러 오거든 아직
은 쓸 만해서 못 간다고 전해라.' 60, 70, 80대가 되어도 할 일
이 있다. 자신도 알지 못한 재능과 가능성이 존재한다. 우물처
럼 파고 또 파다 보면 자신만의 샘물을 발견하는 그날이 온다.

　나는 저세상에 계신 분께 진지하게 부탁하고 싶다. 시간이
된다면 40대, 50대의 우리에게도 한번 와달라고. 아직 따라가
지는 않겠지만 적어도 내가 아직은 젊은지, 할 일이 아직 남았
는지, 아직은 쓸 만한지 생각할 기회라도 얻도록.

집에서
밥만 하기엔 아까운
'어떤사람' J 이야기

내 친구 J가 착하고 야무지고 성실하다는 건 누구나 아는 사실이다. 그런데 가까이 지내면 지낼수록 J는 똑똑해도 너무 똑똑했다. 그동안 어설픈 척한 건 아닐까 싶을 만큼 그녀의 지식은 방대했다. 정치적 견해 또한 뚜렷했으며, 말수가 많진 않지만 한번 이야기를 시작하면 흡인력 있는 말솜씨로 대화를 이끌어가는 재주까지 갖췄다.

J는 아들 둘을 위해 열심히 뒷바라지하는 것은 물론 저녁 6시만 되면 퇴근하는 남편의 저녁밥까지 일일이 신경 쓰는 현모양처이기도 하다. 심지어 키우는 개에게도 헌신적이어서, 어

떤 날은 아픈 개를 위해 동물병원에 건강 상담을 가기도 한다. 본인이 아니라 가족들에게 헌신적인 J가 사랑스러운 건 사실이지만 친구들은 그녀의 능력을 아까워했다. "집에서 밥만 하고 살기엔 너무 가진 재주가 많은 아이야!"

어느 날 J는 도발했다. "여보, 나도 나가고 싶어. 이제 애들도 컸잖아. 나도 밖에 나가서 뭐라도 하고 싶어. 자격증 따볼까?" 보석을 쥐고 있다 보면 그것이 반짝이는지 귀한지 알 수가 없는 법. J의 남편은 아내라는 보석의 반짝임을 잠시 잊었는지도 모른다. J의 말에 남편은 "그래, 공인중개사 시험 붙으면 나가도 좋아" 선심 썼다.

사실 그녀는 공인중개사 일에는 1%도 관심이 없지만 밖으로 나가기 위한 관문이라면 해봐야지 하고 욕심이 났다. 시험까지는 두 달도 채 남지 않았고, 처음 들어보는 용어로 머리에 쥐가 났다. 1차 시험을 보고 와서 아들 둘한테 채점을 맡겼다. 계속 동그라미만 치던 아들은 눈이 휘둥그레지며 "엄마, 이러다 100점도 나오겠는데?"라고 놀라워했다. 결과는 95점. 대박이었다. 커트라인 60점만 넘으면 되는데 오랜만의 도전이라 기를 쓰고 공부했다는 J의 얘기에 우리 모두 웃었다. 역효과도 있었다. 1차 결과에 긴장한 남편이 2차 시험 결과도 90

점 이상이어야 한다는 조건을 제시한 것이다.

아직 가족들과의 조율이 끝나지 않았다. 2차 시험까지는 한참 남았고 실제로 공인중개사 일을 하려는 것은 더욱 아니다. 하지만 J의 둘째 아들은 엄마가 일하는 것에 절대로 찬성할 수 없다고 하더란다. 큰아들도 억지로 찬성은 했지만 설마 하는 눈치고, 남편은 '아무리 그래도 2차 시험에 90점 넘기진 못하겠지'라고 안심하는 상황이란다.

때가 되면 어떤 반대가 있어도 나갈 사람은 나가게 되어 있다. 세상으로 나갈 준비를 하는 내 착한 친구 J의 작은 날갯짓에 박수를 보낸다. 가족들은 알고 있을까? 그날이 왔을 때, J의 발목을 가장 세게 잡을 것이 반려견 '단지'일지도 모른다는 사실을.

여보, 당신만 고생하면
우리 행복할 수 있어.
'어떤사람' B 이야기

대학 선배 B의 이야기다. 97년 동아리 겨울 MT 때 B와
나는 밤새 술을 마시며 얘기를 나눴다. 그다음 날 아침 피곤했
던 B는 코피를 쏟았다. 그게 B와 나의 가장 강렬한 추억이다.

풋풋한 대학 시절, 청춘이라는 이름으로 우리는 많은 꿈
을 꾼다. 우리나라 최초의 여자 대통령을 꿈꾸고(이젠 꿈도 못
꾸겠다. '최초'는 이미 글렀다), 승무원을 꿈꿨다. 복제 양 돌리를
이어 유전공학 분야에 한 획을 긋는 과학자를 꿈꾸기도 했다.
그런데 그녀는 달랐다. 조용히 일어나 들릴 듯 말 듯 한 목소
리로 정확히 이렇게 말했다. "남편 퇴근 시간 맞춰서 김치찌개

보글보글 끓여놓고 기다리는 현모양처가 되고 싶어요." 세상에 스물한 살 여대생의 꿈이 현모양처라니. 웃을 수는 없지만, 신기했던 건 사실이다.

그래서 B는 지금 현모양처가 되었느냐고? 그녀는 딸 다섯을 손수 키우는 현실적인 40대 아줌마이고, 아이들 때문에 길게 일할 순 없지만 가끔 기간제로 중학교에서 국어를 가르치는 '24시간 대기 중인 교사'이기도 하다. B는 애들을 재워놓고 슬픈 영화를 보며 너무 울어서 다음 날이면 눈이 퉁퉁 붓기도 한다. 그 좋아하던 책을 멀리하고 아이들과「방귀 대장 뿡뿡이」나 보는 자신이 부족하다고 느껴서 좋아하는 책을 쌓아놓고 읽는단다. 물론 남편과 싸우기도 10년 넘도록 그치지 않아, 싸우다 힘들면 "난 좀 누워서 말할게" 말하고 침대로 가 눕는다. 남편은 침대 앞에 서서 싸우기도 한단다.

B에게도 꿈이 있었다. 한적한 시골 마을로 가 집을 짓고 오순도순 사는 꿈. 현재 아이들이 다니는 학교는 전교생 60명도 안 되는 작은 학교다. 앞으로 다섯째 아이까지 보내려면 차라리 시골로 이사하고 싶다는 B의 마음과는 달리, 남편에게도 입장이 있었다. 지금 출퇴근도 만만치 않은데 시골로 이사하면 어떻게 다니느냐고. 하지만 그녀의 꿈은 실제로 이뤄졌

다. 몇 년간 남편을 설득한 끝에 결국 시골로 이사한 것이다. 아빠의 희생으로 다섯 아이는 가까운 학교에 다니게 되었다.

현모양처가 되고 싶다던 그녀의 꿈. 우리가 현모양처에 대해 편견을 갖고 있던 게 아닐까. B는 이 시대에 최적화된 21세기형 현모양처일지도 모르겠다.

접은 날개를 펼쳐봐!
'어떤사람' A 이야기

카카오 보이스로 전화벨이 울리다 받기 직전 끊겼다. 부재
중 전화 이름을 보니 몇 년 전 방송 아카데미에서 가르쳤던 학
생 A였다. 원하는 학생들에게는 가끔 내 명함을 주기도 하는
데, A는 오디션을 보기 전 따로 도움을 청한 적이 있어서 번호
를 저장해둔 기억이 났다. 곧바로 카톡 메시지가 왔다.

"선생님 잘 지내고 계시죠? 정말 죄송합니다. 아주 예전
에 수업 들었던 학생 ○○○입니다. 저희 아기가 이런 실수를
했네요. 죄송합니다."

"어머나! 아기? 그리고 나도 기억하고 있어. 근데 결혼

했다고?"

"네. 기억 못 하실 거예요. 기상캐스터로 일하다가 결혼하
고 그만뒀어요. 지금은 아기도 있고요."

"어머나! 그럼 지금은 일 안 하고? 어디 살고 있니? 아기
는 얼마나 컸는데?"

"지금 네 살이고, 남편 일 때문에 대구에 내려왔어요. 내
년에 다시 서울로 돌아가요. 선생님, 저는 아이 하나를 3년 키
우면서도 너무 힘든데 어떻게 세 아이를 키우셨어요?"

A뿐 아니라 많은 후배가 묻는 말이기도 했다. 나는 진심
으로 답했다.

"○○야~ 난 네가 아이 키우면서 충분히 다시 일할 수 있
을 거라고 생각해. 항상 그 사실을 잊지 말고, 제자리에 너무
오래 머물러 있지 말기다!"

"말씀만으로도 정말 고맙습니다. 꼭 한번 뵙고 싶어요."

또렷이 기억난다. 예쁜 학생이었다. 얼굴만 예쁜 게 아니
라 방송으로도 매력 있는 친구였다. 아직 날개를 펼쳐보지 못
한 A. 분명 다시 카메라 앞에서 만날 날이 있을 거라 믿어!

청춘은
아름다워라!

어느 가을, 동네 엄마들과 함께 헤르만 헤세의 그림 전시
회를 보러 가기로 했다. 예매해놓고 우리는 한참 웃었다. "어
울리지도 않게 무슨 그림 전시회야? 보다가 지루하면 그냥 밥
이나 먹자." 그림 전시회에 가는 건 자주 있는 일은 아니지만,
영화 관람보다 조금 더 품위 있어 보이는 문화 생활이다. 게다
가 헤르만 헤세라니.

중학교 시절 헤르만 헤세의 《데미안》《수레바퀴 밑에서》
와 같은 작품들을 읽으며 인간의 삶에 대해 깊이 생각하던 때
가 잠시 있었다. 그런데 소설가로만 알던 헤르만 헤세의 그림

전시회라니 놀라움과 동시에 '나만 몰랐나?' 하는 마음도 들었다. 작품들은 주로 수채화였는데 소박하며 따뜻한 색채로 자연을 담고 있었다. 한 시간 남짓 기분 좋게 작품을 감상한 우리는 차를 마시며 얘기를 나눴다.

"아까 읽었어? 헤르만 헤세가 그림을 그리기 시작한 게 마흔 살이었대. 마흔 살에도 무언가를 새로 시작할 수 있는 거야?"

마흔을 앞두고 있던 나와 J, 마흔 고개에 이제 막 올라선 C, 그보다 몇 년 더 살아본 N은 모두 특별한 사람의 이야기라고 결론지었지만 사실 내면의 소리는 달랐다. "마흔에 시작할 수 있는 일들이 왜 없겠니? 늦지 않았어!"라고 그들의 마음은 외치고 있었다. 지금도 헤르만 헤세 그림 전시회를 다녀오던 날을 잊지 못한다. 무엇이든 할 수 있을 것 같은 마음이 생겨나던 날이었다.

몇 해가 지난 지금, 우리는 각자의 자리에서 조금 더 성숙한 모습으로 살고 있다. 그 무섭다는 중2 아들도 탈 없이 거뜬히 키워냈다. J는 공인중개사 시험에 우수한 성적으로 합격했고, C는 전에 하던 일을 살려서 파트타임 일을 시작했고, N은 언니와 동생의 아이들까지 모두 여섯 명의 아이들을 돌보고 있다. 모양은 다르지만 우리는 각자 새로운 삶을 살고 있다.

"내 청춘의 찬란함을 믿는다. 어떤 수식어도 필요 없을 내 청춘의 찬란함을 믿는다. 가장 뜨겁고 아름다운 청춘이길. 조그만 감정에도 가슴 뛰는 청춘이길…. 커다란 감정에도 함부로 흔들리지 않는 청춘이길…."

(《청춘은 아름다워라》, 헤르만 헤세, 홍석연 옮김, 문지사, 2012.)

그날 이후 나는 결심했다! 불혹에도 여전히 떨리고 흔들리는 나로 살아가기로.

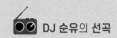

다시 새로운 길로 나서는
사람들을 위한 노래

한참을 달려왔는데, 앞만 보고 열심히 달려왔는데
무언가 허전한 느낌이 든다면 이젠 내비게이션을
끄고 나만의 길을 찾아야 할 타이밍입니다. 자, 길을
택하셨나요? 그럼 우리 함께 출발해요.

♫ 샤프 - 연극이 끝난 후 (작사,작곡/최명섭)

♫ 신해철 - 민물장어의 꿈 (작사,작곡/신해철)

♫ BMK - 꽃피는 봄이 오면 (작사/조은희, 작곡/황세준)

♫ YB - 흰수염고래 (작사/윤도현, 작곡/윤도현, 허준)

♫ 서영은 - 꿈을 꾼다 (작사/서영은, E-QLO, B.O.K, 작곡/E-QLO, B.O.K)